ネットとうほく叢書

先端消費者法問題研究 第2巻

―研究と実務の交錯―

適格消費者団体 特定非営利活動法人 消費者市民ネットとうほく 編

発行 民事法研究会

は　し　が　き

　2015（平成27）年4月、特定非営利活動法人「消費者市民ネットとうほく」が呼びかけて、青森、岩手、山形、宮城、福島など東北各地の大学研究者と各地の弁護士、相談員、行政関係者らで、その時々に発生する消費者問題を勉強する研究会「消費者被害事例ラボ」（「消ラボ」と呼んでいる）を立ち上げた。年に6回、毎回20名〜30名が仙台弁護士会館に集い、研究者の方々からその時々の消費者問題について講義をいただいたうえで参加者が議論を闘わせる。そして、この研究成果を、『ネットとうほく叢書・先端消費者法問題研究──研究と実務の交錯──』（民事法研究会、2018年）と題して出版し全国に発信したところ、関係省庁の方や弁護士らから好評を博したばかりか、2020（令和2）年3月、津谷裕貴・消費者法学術実践賞選考委員会（委員長・松本恒雄一橋大学名誉教授）から「実践賞」を受賞するなど私たちを活気づけさせている。

　「消ラボ」のLaboratoryとは「研究所」を意味する言葉だが、もう一つ、「現像所」という意味もある。赤色の小電球が灯る暗く狭い空間で、酸の匂いを漂わせた現像液に印画紙を浸して竹箸で静かに揺らすと映像がじわじわと浮かび上がってくる。その瞬間の興奮と喜びと感動はいまや昭和世代の記憶に残るだけになってしまったが、白紙に見える印画紙からじわじわと映像が浮かび上がってくる様は、まさに、研究者の方の講義を聞き進むうちに消費者事件の本質や実態が明確化していく瞬間とよく似ている。見えなかった映像（消費者問題の本質や実態）が「現像所」（研究会）でくっきりと浮かび上がってくる、そうしたわが「消ラボ」と称する研究会は、まさに「Laboratory」と称するにぴったりのネーミングかもしれない。

　今般、「消ラボ」の研究成果を第2弾目の『先端消費者法問題研究』にまとめ発刊する運びとなった。本書の出版には「実務家は研究者から奥深い法理を学び、研究者は実務から現実に学ぶことの大切さを知る」という、実務家と研究者との共働の作風を今後もさらに深め発展させていこうという私たち「消ラボ」会員の願いも込められている。是非とも多くの方々の研究や実務に役立たせていただきたいと念じている。

　今回もまた、本書の出版にご尽力をいただいた研究者の方々と会員の皆さん、とりわけ、本書の出版に向けての労苦を一手に引き受けてくれた中里真・福島大学准教授、および、男澤拓弁護士（仙台弁護士会）に感謝申し上げるとともに、いつもながら、民事法研究会の田口信義社長、大槻剛裕氏による暖かい励ましとご協力にこの場をお借りして心よりお礼を申し上げる次第である。

　2021（令和3）年2月吉日
　　　内閣総理大臣認定適格消費者団体特定非営利活動法人・消費者市民ネットとうほく

　　　　　　　　　　　　　　　　　　理事長　　吉岡　和弘

【付記】
　本書は、公益財団法人民事紛争処理研究基金平成30年度研究助成（共同研究）の成果の一部である。

『先端消費者法問題研究［第2巻］』

目　　次

尚絅学院大学総合人間科学系社会部門教授　栗原由紀子

⑥　消費者契約法改正による法10条適用の拡張可能性……126

福島大学行政政策学類准教授　中里　　真

凡　例

（50音順）

〈法令略称〉　※カッコ内は条文引用時の表記

・（改正道交）　　　　　　　道路交通法の一部を改正する法律（令和元年法律
　　　　　　　　　　　　　　第20号）施行後の道路交通法
・改正法　　　　　　　　　　民法の一部を改正する法律（平成29年法律第44号）
・旧民法（旧民）　　　　　　民法の一部を改正する法律（平成29年法律第44号）
　　　　　　　　　　　　　　施行前の民法
・区分所有法（区分所有）　　建物の区分所有等に関する法律
・景品表示法（景表）　　　　不当景品類及び不当表示防止法
・原賠法（原賠）　　　　　　原子力損害の賠償に関する法律
・（高齢者住まい）　　　　　高齢者の居住の安定確保に関する法律
・資金決済法　　　　　　　　資金決済に関する法律
・自動車運転死傷行為処罰法　自動車の運転により人を死傷させる行為等の処罰
　　　　　　　　　　　　　　に関する法律
・（借地借家）　　　　　　　借地借家法
・（消契）　　　　　　　　　消費者契約法
・（信託業）　　　　　　　　信託業法
・（製造物責任）　　　　　　製造物責任法
・賃貸住宅管理業適正化法　　賃貸住宅の管理業務等の適正化に関する法律
　（適正化）
・（適正化規）　　　　　　　賃貸住宅の管理業務等の適正化に関する法律施行
　　　　　　　　　　　　　　規則
・投資信託法（投信）　　　　投資信託及び投資法人に関する法律投資信託及び
　　　　　　　　　　　　　　投資法人に関する法律
・特定商取引法（特商）　　　特定商取引に関する法律
・（弁）　　　　　　　　　　弁護士法
・（墓埋規）　　　　　　　　墓地、埋葬等に関する法律施行規則
・墓埋法（墓埋）　　　　　　墓地、埋葬等に関する法律

7

・マンション管理適正化法　　マンションの管理の適正化の推進に関する法律
・身元保証法　　　　　　　　身元保証ニ関スル法律（昭和八年法律第四十二号）
・（民）　　　　　　　　　　民法
・（民執）　　　　　　　　　民事執行法
・預託法　　　　　　　　　　特定商品等の預託等取引契約に関する法律
・（老人福祉）　　　　　　　老人福祉法

〈文献略称〉
・金沢　　　　　　　　　　　金沢法学
・金商　　　　　　　　　　　金融・商事判例
・熊本ロー　　　　　　　　　熊本ロージャーナル（熊本大学大学院法曹養成研
　　　　　　　　　　　　　　究科）
・警論　　　　　　　　　　　警察学論集
・現消　　　　　　　　　　　現代消費者法
・裁時　　　　　　　　　　　裁判所時報
・自正　　　　　　　　　　　自由と正義
・重判解　　　　　　　　　　重要判例解説
・集民　　　　　　　　　　　最高裁判所裁判集民事
・ジュリ　　　　　　　　　　ジュリスト
・ジュリ臨増　　　　　　　　ジュリスト臨時増刊
・新報　　　　　　　　　　　法学新法
・成蹊　　　　　　　　　　　成蹊法学
・総合政策　　　　　　　　　総合政策（岩手県立大学総合政策学会）
・判時　　　　　　　　　　　判例時報
・ひろば　　　　　　　　　　法律のひろば
・別冊ジュリ　　　　　　　　別冊ジュリスト
・法教　　　　　　　　　　　法学教室
・法時　　　　　　　　　　　法律時報
・法セ　　　　　　　　　　　法学セミナー
・北法　　　　　　　　　　　北大法学論集

・民集　　　　　　　　　　大審院民事判例集、最高裁判所民事判例集
・民商　　　　　　　　　　民商法雑誌
・民法（債権関係）部会資料　法制審議会民法（債権関係）部会資料
・リマークス　　　　　　　私法判例リマークス
・論ジュリ　　　　　　　　論究ジュリスト
・D1-Law　　　　　　　　第一法規法情報総合データベース
・LEX/DB　　　　　　　　TKC ローライブラリー

〈その他〉

・国民生活センター　　　　独立行政法人国民生活センター
・埼玉消費者被害をなくす会　特定非営利活動法人埼玉消費者被害をなくす会
・消費者機構日本　　　　　特定非営利活動法人消費者機構日本
・消費者支援機構関西　　　特定非営利活動法人消費者支援機構関西
・消費者市民ネットとうほく、特定非営利活動法人消費者市民ネットとうほく
　または、ネットとうほく

1　自動車の自動運転における損害賠償責任

福島大学行政政策学類准教授　山崎暁彦

本稿の概要

✓　昨今、自動運転技術は、急激に発展しており、自動運転車両による事故における民事責任が議論されている。右責任を検討するにあたり、一般的には、政府作成「官民 ITS 構想・ロードマップ」による自動運転技術のレベルに分けて、説明がなされている。

✓　民法709条に基づく損害賠償責任については、レベル3では、運転する搭乗者の過失に関し、評価が分かれている。レベル4・レベル5では、原則、搭乗者の過失は否認される、との見解が多い。

✓　自賠法3条に基づく損害賠償責任については、搭乗者に関し、同条の要件ごとに該当性が検討されているが、特に、レベル4・レベル5では、「運行支配」をめぐり、議論がある。

✓　自動運転車両事故の特性は、多数の当事者がかかわり、その要因も複合的であるということである。自賠法3条の意義に鑑み、将来的には、損害賠償措置を講じ、第一次的な責任主体として、責任「集中」させるのが最も適切な当事者を「運行供用者」として、制度設計していくことが望ましい。

1　はじめに

　昨今、自動車の自動運転技術は、急激に発展している。(1) たとえば、当初の高度道路交通システム（ITS）においては、ビーコンの設置・磁気マーカーの敷設等が構想されていたが、(2) 今日では、インフラの整備を寄すがとしない、

車両に搭載されるシステムによる自律走行が研究されている。また、各種マス・メディアにおいて、高齢者等による自動車の危険運転が糾弾されているが、他方で、いわゆる「買い物難民」等の地域交通における社会的弱者としては、「足」としての自家用自動車が必要であり、自動運転技術がその福音ともなりうる。このような諸事情により、自動運転車両の普及が現実味を帯びている。そして、それに伴い、自動運転に対する、刑事・民事法等、さまざまな法分野における規制のあり方も議論されている。

　議論の中には、いわゆる思考実験の類も少なくない。たとえば、自動運転車両の搭乗者の（一般行為）義務内容・刑法37条1項にいう緊急避難等に関して、いわゆる「トロッコ問題」が論じられている。また、高度な自動運転車両による事故について、人工知能（AI）自体の刑事責任が論じられている。すなわち、高度な自動運転においては、自動車を運転するのは、搭乗者ではなく、システム、さらには、その中核にあるAIである、と評価し、自動運

---

(1)　昨今の自動運転技術の発展については、池田祐輔「自動運転技術等の現況」ジュリ1501号（2017年）16頁以下、杉浦孝明「自動運転技術の現況」藤田友敬編『自動運転と法』（有斐閣、2018年）所収3頁以下、高橋武秀「自動運転導入のための課題」小林英夫ほか編著『自動運転の現状と課題』（社会評論社、2018年）39頁以下等参照。

(2)　今井猛嘉ほか「『自動運転』を考える」法教463号（2019年）24頁〔窪田充見発言〕等参照。なお、国土交通省は、磁気マーカーを道路法令上の道路付属物として規定する方針を示している（2019年6月21日付け日刊自動車新聞1面）。

(3)　国土交通省作成「令和元年度　交通政策白書」（2019年）167頁では、自動運転車両が交通の担い手不足に悩む地方部において、高齢者等の有効な移動手段となることが期待されている。内閣府作成「未就学児等及び高齢運転者の交通安全緊急対策（令和元年6月18日付）」3頁以下では、安全運転支援機能を有する自動車のみ運転できる、高齢者向けの限定免許を創設する方針が示されている。

(4)　政府は、物流、福祉、旅客等、多様な業種が連携した自動運転サービスの実証実験について、2020年度より、自治体向けに公募を開始し、自動運転の普及をめざしている（2020年2月5日付け読売新聞1面）。また、政府は、2025年までに、後論する「レベル4」の自動運転車両による移動サービスを全国で数十箇所以上、展開し、右普及地域を走行環境に合わせて類型化したうえで、各類型で最低10箇所以上、実用化することをめざしている（2020年2月27日付け日刊自動車新聞2面）。

(5)　今井ほか・前掲注(2)31頁〔今井発言〕。いかなる操作をしても、甲、乙……いずれかの被害は免れない事例について、どのように判断（システムの設計）をするのか、という倫理学的な問いである。

(6)　今井猛嘉「自動走行に関与する者の刑事責任──現行法下の処理と今後の課題」NBL1099号（2017年）27頁以下、今井ほか・前掲注(2)31頁以下〔今井発言〕参照。なお、近内京太「AI搭載ロボットによる不法行為責任のフレームワーク──製造者、所有者、使用者の責任をめぐる一試論」NBL1157号（2019年）25頁以下参照。

転車両による事故については、AIを刑事責任の主体である、と評価する見
解である。その場合、どのような刑罰を科すのかは、いわゆる「刑罰論」ま
で立ち戻る必要があろう。このような議論に対しては、自動車を運転するの
がAIであると評価することについては、一定の理解が示されるものの、AI
自体が刑事責任の主体として評価しうるかについては、にわかに賛同し難い
であろう。他方で、将来、AIが深層学習等の技術による自己学習能力を獲
得し、右能力による自律的な判断を下す段階になれば、AI自体が規範意識
を獲得し、刑事責任の主体であると評価することも夢物語ではない。もっと
も、現段階では、AI創作物（生成物）の知的財産権等と同様、思考実験の
域を出ないものでもあろう。

　より現実的な議論としては、自動運転車両による事故における刑事・民事
責任等があげられている。前者は、たとえば、道路交通法の改正、または、
自動運転車両の搭乗者について、運転者として、自動車運転死傷行為処罰法
5条にいう過失運転致死傷罪等が成立するか、という議論である。道路交通
法の改正に関しては、警察庁が中核となり、検討が進められている。たとえ
ば、同庁作成「技術開発の方向性に即した自動運転の実現に向けた調査研究
報告書（道路交通法の在り方関係）」（2018年）を踏まえ、改正試案（2018年12
月25日付け）が示されている。同改正試案は、一定の条件下では、システム
が運転操作を実施するものの、右条件を満たさない場合・故障の場合には、

(7)　「システム」は、広範な概念であり、刑事責任の主体としては、相応しくない、と
　　評価されている（今井・前掲注(6)28頁）。
(8)　今井・前掲注(6)28頁以下。
(9)　今井ほか・前掲注(2)32頁〔今井発言〕参照。
(10)　今井ほか・前掲注(2)31頁〔窪田発言〕。
(11)　今井ほか・前掲注(2)32頁〔肥塚肇雄発言〕参照。
(12)　池田祐輔「自動運転にかかる法制度の検討の現況」藤田友敬編『自動運転と法』
　　（有斐閣、2018年）所収32頁以下参照。このような検討を経て、2019年5月、道路交
　　通法は、改正され、システムを使用することも「運転」に含まれることとなり、右シ
　　ステムを使用していれば、保持通話・画面注視の禁止は、解除されるものの、①当該
　　車両が整備不良車両に該当しないこと、②システムの使用条件を満たしていること、
　　③前2条件に該当しなくなった場合、直ちに、認知し、対応できる状態にあること、
　　などが要件となっている。同改正の概要については、佐藤典仁「自動運転の実現に向
　　けた道路運送車両法および道路交通法の改正の概要」NBL1149号（2019年）4頁以
　　下、砂田武俊「第2　自動車の自動運転の技術の実用化に対応するための規定の整
　　備」警論72巻8号（2019年）24頁以下参照。

搭乗者が運転操作を引き継ぐ必要がある（後論する「レベル3」の）自動運転車両を対象としており、作動状態記録装置の設置を義務づけるほか、従来どおり、右車両内で運転操作を実施する搭乗者を「運転者」であると評価する一方で、運転者が適切に運転操作を引き継ぐことができる態勢でいるなどの場合には、携帯電話・カーナビゲーション等の使用・中止を容認している。また、事故に関する運転者の刑事責任の成否については、刑事法においては、（搭乗者の）主観的な非難可能性を過失評価の基準にするためか[13]、一般的には、消極的に評価されている。たとえば、右記の「レベル3」の自動運転に関して、レベル3とは、高度な自動運転に至る過渡期であり、主として、システムが運転操作を実施するものの、不測の事態には、とっさに搭乗者に右操作を引き継がせる（オーバーライドさせる）というのは、危険なしくみである[14]、オーバーライドされる搭乗者（フォールバック・レディ・ユーザー）は、自動運転ではない場合より、かえって注意を強いられる[15]、などとして、批判し、このような搭乗者には、結果の回避可能性がないため、因果関係、または、過失がなく[16]、刑事責任は生じない[17]、という見解がある。また、高度な自動運転においては、搭乗者は、運転に関与しないため、その過失は、問責されない[18]、という見解が多数派である。システムの開発者等の刑事責任についても、多くは、具体的な予見可能性がないことなどを理由として、消極的に評価している[19]。

---

(13) 今井ほか・前掲注(2)28頁〔窪田発言〕。

(14) 今井ほか・前掲注(2)26頁〔窪田発言〕。なお、国際的には、オーバーライドには、最低4秒間あればよい、とされている（今井猛嘉「自動運転制度実現への課題と展望」ひろば2018年7月号（2018年）49頁）。

(15) 今井・前掲注(14)49頁以下、今井ほか・前掲注(2)26頁以下〔今井発言〕。

(16) 今井・前掲注(14)50頁、今井ほか・前掲注(2)25頁以下〔今井発言〕。

(17) 今井ほか・前掲注(2)26頁〔窪田発言〕参照。

(18) 坂下陽輔「人工知能の開発・利用における過失—自動運転車と過失責任を素材に」法時91巻4号（2019年）13頁参照。

(19) 今井ほか・前掲注(2)26頁〔今井発言〕。坂下・前掲注(18)13頁参照。また、経済産業省作成「自動走行の民事上の責任及び社会受容性に関する研究　報告書」（2018年）でも議論されている。

2　民事責任をめぐる議論（序）

　後者の民事責任については、自動運転車両による事故について、自賠法3条にいう「運転供用者」、または、製造物責任法3条にいう「製造業者」等の損害賠償責任が議論されている。たとえば、国土交通省作成「自動運転における損害賠償責任に関する研究会　報告書」(2018年)[20]では、完全自動運転化の段階（後論する「レベル5」）を除く自動運転について[21]、以下のような論点があげられている。すなわち、①自動運転車両による事故における、自賠法上の「運行供用者責任」をどのように考えるか、②ハッキングによる事故について、どのように考えるか、③自損事故について、自賠法の保護の対象をどのように考えるか（運転操作をしうる搭乗者は、自賠法3条にいう「他人」に該当するか）、④同条にいう「自動車の運行に関して、注意を怠らなかったこと」について、どのように考えるか、⑤外部データの誤謬・通信障害等による事故については、同条ただし書の免責事由にいう、自動車の「構造上の欠陥・機能の障害」があるといえるか、の5つである。このほか、経済産業省「報告書」では、保険会社のメーカーに対する求償、ソフトウェア事業者等の民事責任等が議論されている[22]。

　自動運転車両による事故における法的責任をめぐる議論については、一般的に自動運転技術のレベルに分けて、説明されている[23]。政府作成「官民ITS構想・ロードマップ2016」(2016年)では、①加速・操舵・制動のいずれかの操作をシステムが行う状態、②右諸操作のうち複数の操作を一度にシステムが行う状態、③右諸操作をすべてシステムが行い、システムが要請したと

⑳　概要については、佐藤典仁「自動運転における損害賠償責任に関する研究会　報告書の概要」NBL1120号（2018年）53頁以下等参照。
㉑　レベル5については、運転操作に関与せず、行先を指示するのみの者が「運行供用者」であると評価しうるか、そもそも「運転供用者」概念を維持しうるか、他の事例と比較し、さらなる検討を必要とする、と評価している（同報告書23頁）。
㉒　小塚荘一郎「自動車のソフトウェア化と民事責任」藤田友敬編『自動運転と法』（有斐閣、2018年）所収223頁以下参照。
㉓　今井ほか・前掲注⑵24頁〔窪田発言〕。

きのみドライバーが対応する状態、④右諸操作をすべてシステムが行い、ド
ライバーが全く関与しない状態、の4段階に分けられている。次いで、政府
作成「官民ITS構想・ロードマップ2017」（2017年）以降では、アメリカ自
動車技術会（SAE）の定義に倣い、以下のように分けられている。すなわち、
レベル0は運転自動化なし、レベル1は運転支援（システムが縦・横方向のい
ずれかの車両動作制御を行う）、レベル2は部分運転自動化（システムが縦・横
方向双方の車両動作制御を行う）、レベル3は条件付運転自動化（システムが限
定領域において、縦・横方向双方の車両動作制御に加え、対象物・事象の検知お
よび応答等、すべての動的運転タスクを行うが、作動継続が困難である場合には、
運転する搭乗者がシステムの介入要求に応じ、運転操作を引き継いで、適切に対
応する）、レベル4は高度運転自動化（システムが限定領域において、すべての
動的運転タスク、および、作動継続が困難である場合の対応を行う）、レベル5
は完全運転自動化（システムが無制限に、すべての動的運転タスク、および、作
動継続が困難である場合の対応を行う）、の6段階に分けられている。多くは、
このようなレベル分けを踏まえ、考察しているが、しかし、右レベルは、自
動運転技術上のレベルであり、必ずしも法的責任を検討するにはなじまない
おそれもあろう。より具体的な規範が要請される可能性も指摘されている。
たとえば、レベル1であっても、衝突被害軽減ブレーキと、定速走行装置
（CC）とでは、運転者の過失について、異なる評価がなされうる、との見解
がある。このような制御される動的運転タスクの種類のほか、自動運転技術
の発展の度合いを以下のような軸で整理し、運転する搭乗者の民事責任を議

---

⑳ レベル0ないしレベル2においては、運転する搭乗者が、一部またはすべての動的
運転タスク、すなわち、加減速・ステアリングによる車両動作制御、対象物・事象の
検知および応答、運転計画、照明・合図・ジェスチャー等による被視認性の向上、を
実行する。
㉕ 「限定領域」とは、地理的・道路面上の・環境的・交通量上の・速度上の・時間的
な制約のことを指す。
㉖ レベル3以降においては、システムが（作動時は）すべての動的運転タスクを実行
しており、「高度自動運転システム」と呼ばれている。
㉗ レベル4・レベル5は、「完全自動運転システム」と呼ばれている。
㉘ 定速走行・車間距離制御装置（ACC）とは異なり、車間距離を一定に維持するに
は、運転する搭乗者の運転操作が必要である。
㉙ 栗田昌裕「自動運転車の事故と民事責任」法時91巻4号（2019年）27頁。

論する見解もある。すなわち、①どれだけの動的運転タスクが自動運転技術
によりカバーされているか、②各動的運転タスクについて、運転する搭乗者
は、どこまでシステムに依拠できるか（自らが動的運転タスクを実行しないこ
とが容認されるのか）、③自動運転技術の普及度合い、である。カバーされる
度合いというのは、自動運転技術上のレベルのことであろう。しかし、この
ようなレベル分けは、（自賠法、または、製造物責任法にいう）「欠陥」の評価
にかかわりうるものの、直接、民事責任の基準になるものではない、との批
判がなされている。運転する搭乗者が各動的運転タスクをシステムに任せ、
自らが実行しないことが容認されるか・否か、ということが民事責任の成否
を評価するうえで重要になる。そのため、以下のような事例に類型化し、民
事責任の成否を検討する見解がある。すなわち、①システムがその機能上の
制約により作動しなかった事例、②システムが作動しなかった事例、③シス
テムが誤作動した事例、の３類型である。類型①は、運転する搭乗者が、シ
ステムが作動しないことを予見しうるのに対して、類型②・③は、不作動・
誤作動を予見し得ない。また、類型①・②は、運転する搭乗者が、結果を回
避するべく、車両を操縦（認知・予測・判断・操作）しうる（車両のコントロ
ール可能性がある）のに対して、類型③は、車両のコントロール可能性がな
い。このような類型は、民法709条にいう「過失」の評価を考慮しているも
のと思われる。以下では、自動運転技術上のレベル分けを基盤に検討するが、

(30)　藤田友敬「自動運転と運行供用者の責任」『自動運転と法』（有斐閣、2018年）所収129頁以下。
(31)　藤田・前掲注(30)131頁以下。
(32)　藤田・前掲注(30)132頁。なお、自動運転技術の普及度合いについては、過失相殺等にかかわりうる、と評価されている（藤田・前掲注(30)131頁）。
(33)　藤田・前掲注(30)131頁以下。
(34)　藤田・前掲注(30)142頁以下、窪田充見「自動運転と販売店・メーカーの責任」藤田友敬編『自動運転と法』（有斐閣、2018年）所収161頁以下、佐野誠「多数当事者間の責任の負担のあり方」藤田友敬編『自動運転と法』（有斐閣、2018年）所収197頁以下。
(35)　たとえば、濃霧のため、または、検知しにくい障害物のため、衝突被害軽減ブレーキが作動しなかった事例（なお、運転する搭乗者は、システムの機能上の制約について、認識していたとする）等。
(36)　たとえば、衝突被害軽減ブレーキが作動せず、停車中の前方車両に衝突した事例等。
(37)　たとえば、衝突被害軽減ブレーキが誤作動し、急停車したため、後続車両が衝突した事例等。
(38)　窪田・前掲注(34)161頁以下。

民事責任（とりわけ、民法709条にいう損害賠償責任）の成否の本質が運転する搭乗者についての「過失」の有無にあることは、論をまたず、適宜、言及していく。

　本稿では、自動運転をめぐる民事責任について、まず、運転する搭乗者の民法709条に基づく損害賠償責任を検討し、次いで、自賠法３条に基づく損害賠償責任を検討したうえで、最後に、運転する搭乗者・車両（システム）の製造業者・ソフトウェアの製造業者・第三者によるハッキング等、多数当事者による、複合的な要因により惹起される自動運転車両による事故の特性について、考察したい。

3　民法709条に基づく損害賠償責任

　自動運転車両による事故に関して、多くは、自賠法３条に基づく損害賠償責任が議論されており、民法709条に基づく損害賠償責任についての検討は、少ない。基本的には、一般的な過失の評価によるが、レベルごとに検討すれば、以下のとおりである。すなわち、レベル１・レベル２においては、運転する搭乗者が動的運転タスクを実行しており、システムは、その補助をしているため、原則、過失の評価において、大きく変わることはない、と評価されている。ただし、自動運転技術（システムの正常な機能）に対する信頼が許容される範囲内での、ある程度の注意義務の軽減は、容認し得よう。レベル３においては、介入要求後は、（システムの不具合により手動制御への切替えが不可能であったなどの事例を除いて、）運転する搭乗者が操縦の主体となる、との見解もあるが、右記の刑事責任に関する議論と同様、介入要求後、結果を回避することは、実際には、困難である事例が多かろう。ただし、レベル

---

(39)　このほか、販売業者の民事責任等も想定される。詳細は、窪田・前掲注(34)163頁以下参照。

(40)　近内京太「自動運転自動車による交通事故の法的責任〜米国における議論を踏まえた日本法の枠組みとその評価〜〔下〕」国際商事法務44巻11号（2016年）1610頁以下、栗田・前掲注(29)27頁以下参照。

(41)　栗田・前掲注(29)28頁。今井ほか・前掲注(2)25頁〔窪田発言〕参照。

(42)　近内・前掲注(40)1610頁。

(43)　栗田・前掲注(29)28頁。

3 とは、操縦の主体は、システムであるものの、運転する搭乗者が補充する
ものであるため、運転する搭乗者には、予見可能性があり、車両動作を制御
できれば、結果回避可能性もある、という見解もある。また、介入要求前に
は、運転する搭乗者は、①介入要求に適切に対応する注意義務、②（介入要
求がなくても）介入要求が認知できれば、認識しうる異常についての注意義
務等を負う、という見解がある。しかし、これについても、自動運転技術が
制御する動的運転タスクの種類・右技術の発展または右技術に対する信頼の
度合い等により、評価が分かれるものと思われる。レベル 4・レベル 5 にお
いては、システムが動的運転タスクを実行しており、原則、搭乗者の過失は、
否認される、という見解がある。無論、運転席等がなく、車両動作制御の可
能性がない、搭乗者が運転免許を有さないなど、結果回避可能性がない、あ
るいは、搭乗者が責任無能力者であるなどの場合を除いて、事案によっては、
搭乗者の一般行為義務違反が問責されうるものと思われる。

4　自賠法 3 条に基づく損害賠償責任

　自動運転車両よる事故において、搭乗者が、自賠法 3 条に基づく損害賠償
責任を負うか・否かについては、さまざまな議論があるが、多くは、同条の
要件ごとにその該当性を検討している。同条の要件は、以下のとおりである。
すなわち、①「運行供用者」であること、②自動車の「運行」によること、
③「他人」の生命・身体を侵害したこと、④免責事由がないこと、の 4 要件
である。要件②の「運行」とは、自賠法 2 条 2 項により、自動車を当該装置
の用法に従い、使用することである、と定義されているため、完全自動運転
化の段階（レベル 5）の自動運転であっても、右要件は、充足する。要件①

---

(44)　今井ほか・前掲注(2)27頁〔肥塚発言〕参照。民事法では、一般行為義務違反がある
　　か・否か、客観的に評価する傾向があることが背景にある、という評価がある（今井
　　ほか・前掲注(2)28頁〔窪田発言〕）。
(45)　栗田・前掲注(29)28頁以下。
(46)　栗田・前掲注(29)29頁。
(47)　完全自動運転化の段階（レベル 5）の車両は、搭乗者による運転操作の可能性はな
　　いが、自賠法 2 条 1 項（および道路運送車両法 2 条 2 項）にいう「自動車」には該当
　　する（近内・前掲注(40)1611頁、藤田・前掲注(30)132頁以下）。

とは、損害賠償の義務者のことであるが、「運行供用者」であるか・否かの評価基準は、従来の判例・通説によれば、①当該車両の使用を支配している、または、当該車両の運行について、指示・制御しうる地位にある、という（「危険責任」の思想に由来する）「運行支配」と、②その使用による利益が帰属する、という（「報償責任」の思想に由来する）「運行利益」とがあげられている（二元説）。これに対して、自賠法の制度趣旨を実効的な被害者救済であると評価したうえで、「運行支配」の評価基準を外形的・抽象的に判断することが要請される中、「運行利益」については、「運行支配」を容認するための一要素にすぎないと評価する見解（一元説）も有力である。いずれにせよ、自動運転車両による事故における搭乗者の民事責任を評価するに際しては、「運行利益」については、容易に容認しうる。他方で、「運転支配」に関しては、レベル1ないしレベル3については、「運転」する搭乗者が存在しており、容認することで論争は少ないものの、レベル4・レベル5については、（とりわけ、レベル5については、）運転する搭乗者、すなわち、「運転者」の概念が消滅しても、「運転供用者」という概念が消滅するのか・否か、で、議論が分かれている。当該車両の運行について、指示・制御しうる地位にあれば、「運行支配」を容認する、という判例・通説に則れば、たとえ、他人が車両を運転する場合であっても「運行支配」はあるのであり、たとえ、レベル5の自動運転において、システムを利用して、行先を指示し、車両を走行させる場合であっても、当然、容認される、という見解がある。これに対して、①搭乗者には、システムを選任・監督する余地がない（、または、システムの選任・監督と、他者である運転者の選任・監督は、同じではない）、②シ

---

(48)　藤田・前掲注(30)

(49)　吉村良一『不法行為法〔第4版〕』（有斐閣、2010年）271頁以下。

(50)　近江幸治『民法講義Ⅳ　事務管理・不当利得・不法行為』（成文堂、2004年）256頁以下、吉村・前掲注(49)272頁以下。

(51)　近内・前掲注(40)1611頁、藤田・前掲注(30)134頁、栗田・前掲注(29)31頁。

(52)　栗田・前掲注(29)30頁。ただし、レベル3については、通常は、システムがすべての動的運転タスクを行っており、「運行支配」の概念が希薄になっている、との批判もある（今井ほか・前掲注(2)28頁〔今井発言〕）。

(53)　今井ほか・前掲注(2)29頁〔窪田発言〕参照。

(54)　藤田・前掲注(30)134頁。今井ほか・前掲注(2)28頁以下〔窪田発言〕参照。

ステムの車両動作制御を容認しなければ、そもそも自動車の便益を享受できない、③システムの車両動作制御の容認を以て「運行支配」を容認するならば、盗難車による事故であっても、所有者等が損害賠償責任を負いうる、などとして、否認する見解もある。これまで実効的な被害者救済を図るため、「運行支配」を外形的・抽象的に判断してきた経緯に鑑みれば、特段、自動運転車両による事故について、別異に解釈する必要はなかろう。しかし、たとえば、将来、レベル5の自動運転車両の搭乗者が幼児、または、重度の障害者等、責任無能力者のみである事例も多くなるであろう。このような場合には、誰を「運転供用者」であると評価するのか。なお、責任無能力者による事故については、民法709条に基づく損害賠償責任は、否認するものの、自賠法3条に基づく損害賠償責任は、認容する裁判例がある。また、たとえば、判例・通説によれば、タクシーの乗客は、「運行供用者」ではないが、「無人自動タクシー」等と自家用の完全自動運転化の段階（レベル5）の車両との取扱いなどを考慮すれば、あらためて検討する必要があろう。そのうえで、「運転供用者」という概念をどう評価するのか、議論しなければならないものと思われる。要件④の免責事由には、具体的には、以下のような事由がある。すなわち、①運行供用者または運転者が自動車の運行について、注意を怠らなかったこと、②被害者または運転者以外の第三者に故意・過失があったこと、③自動車に構造上の欠陥・機能の障害がなかったこと、の3事由が証明されれば、免責される。自動運転との関係では、事由①については、特に、安全な自動運転が実行されるよう注意する義務、および、システムを含め、自動車の機能を維持する義務、等があげられている。前者は、自動運転技術上のレベルごとに異なり、たとえば、レベル4・レベル5では、問われない、という見解がある。後者には、システムのアップデートをする義務等も含まれる。事由②については、ハッキング等があげられ、国土交通

(55)　栗田・前掲注(29)30頁以下。
(56)　藤田・前掲注(30)135頁。
(57)　吉村・前掲注(49)278頁。
(58)　藤田・前掲注(30)135頁。
(59)　藤田・前掲注(30)137頁以下、栗田・前掲注(29)24頁以下。
(60)　藤田・前掲注(30)137頁。

省「報告書」では、盗難車に準じて評価することが主張されている[62]。事由③については、レベル4・レベル5では、安全に運行できないこと自体が欠陥・障害であるとも評価しうるが、すべての事故を防止できるわけではないため、安全性の基準が問われうる。ただし、システムの安全性について、合理人の基準により評価しうるか・否かについては、議論がある[63]。これに対して、レベル1ないしレベル3については、かえって評価が困難である、という見解がある。すなわち、運転者による運転操作が想定されているため、システムが適切に作動しなくても、直ちに欠陥・障害であるとは評価し得ないおそれがある[64]。各動的運転タスクについて、運転する搭乗者は、どこまでシステムに依拠できるか（自らが動的運転タスクを実行しないことが容認されるのか）、を踏まえて、欠陥・障害の有無を評価する必要があろう[65]。

5 　若干の検討（自動運転車両による事故の多数当事者性・要因の複合性）

　自動運転車両による事故の特性は、多数の当事者がかかわり、その要因も複合的であるということがあげられよう。（運転する）搭乗者のほか、車両、または、システムの製造業者・ソフトウェアの製造業者・第三者によるハッキング・販売業者による説明義務違反等、さまざまな責任主体が想定される。単純な「加害者—被害者」の構図では、理解し得ないのである。同諸事情についての検討は、他稿に譲るが、以下では、自賠法3条に基づく損害賠償責任、とくに、「運転供用者」の要件について、このような特性を踏まえて、将来の制度設計について、検討する。

　これまでの、自動運転車両による事故に関する、「運転供用者」の要件についての議論においては、自賠法3条の「運行供用者」の解釈、すなわち、とくに、「運行支配」の基準に照らして、各レベルの自動運転車両の搭乗者

---

(61)　栗田・前掲注(29)31頁。
(62)　栗田・前掲注(29)31頁参照。
(63)　藤田・前掲注(30)139頁。
(64)　藤田・前掲注(30)25頁。
(65)　藤田・前掲注(30)140頁。

の「運行供用者」該当性が議論されてきた。しかし、このような演繹的な評価では、新たな事案である「自動運転」については、適切な評価が困難であろう。

　まず、自賠法の法的な枠組みを検討するにあたり、自賠法3条が責任主体を「運行供用者」に定め、責任を「集中」させている[66]ことに着目する必要があると思われる。いわゆる責任集中制度（責任集中の原則）は、たとえば、原賠法4条1項等に見られる規制方法である[67]。同条によれば、原子力損害（原賠2条2項）については、原子力事業者に責任が集中し、右事業者以外の者は、免責される。諸法における責任集中制度の意義は、さまざまであるが[68]、原賠法については、①原子力関係供給者等に対する損害賠償請求を遮断し、原子力関係産業の発展を図ること、②被害者救済のため、責任主体を明確化すること、③原子力損害に関する責任保険の填補危険が累積する（結果として、多数の供給者が付保すれば、個々の保険金額が減少する）などの理由があげられている[69]。このうち、理由の②および③については、疑義も示されている。すなわち、被害者救済のためには、責任主体が複数あるほうが望ましく、また、保険の累積は、技術的な議論にすぎず、原子力関係産業にかかわるすべての者を共同被保険者とする保険引受けをする、経済的責任集中制度をとれ

(66)　今井ほか・前掲注(2)28頁〔肥塚発言〕。

(67)　原賠法の責任集中制度については、福田健太郎「原賠法における責任集中原則の射程」青森法政論叢14号（2013年）1頁以下、豊永晋輔『原子力損害賠償法』（信山社、2014年）372頁以下等参照。責任集中制度は、原賠法のほか、鉱害に関するもの（鉱業法109条1項。鉱害発生時の鉱業権者に集中させている）、海洋・河川等の汚染損害に関するもの（船舶油濁損害賠償保障法3条1項・39条の2第1項。登録船舶所有者等に集中させている）、宇宙物体による損害に関するもの（宇宙損害責任条約2条・4条1項(a)。打上げ国に集中させている）などでとられている（谷川久「責任集中覚書」成蹊46号（1998年）111頁以下、豊永・前掲注(67)373頁以下等参照）。

(68)　たとえば、鉱業法においては、鉱害と、その原因となる作業との時間的な隔たりが大きく、加害者の特定が困難であることが理由である（豊永・前掲注(67)374頁）。船舶油濁損害賠償保障法においては、責任保険等の確保を有効に機能させるため、責任主体を容易に識別することが必要である、という技術的な理由である（谷川・前掲注(67)121頁以下、豊永・前掲注(67)374頁）。宇宙損害責任条約においては、高度の危険性を有する宇宙物体の打上げについての、国の許可・監督の責任が背景にある（谷川・前掲注(67)126頁以下、豊永・前掲注(67)374頁）。

(69)　谷川・前掲注(67)115頁以下、原子力損害賠償実務研究会編『原子力損害賠償の実務』（民事法研究会、2011年）27頁以下、福田・前掲注(67)3頁以下、豊永・前掲注(67)373頁以下等。

ば、十分、対応できるのであるから、責任集中制度の主たる理由は、原子力関係産業の発展にある、と評価するのである。しかし、同責任集中制度の意義を検討するにあたり、右制度によって、共同不法行為のような証明責任の転換にとどまらず、特定の損害（原子力損害）については、本来、当該責任主体（原子力事業者）が過失責任主義的な損害賠償義務を負わないような場合であっても、無過失に、（あるいは、結果責任主義的に、）右損害の発生を防止する義務を課されている（右損害が発生すれば、損害賠償義務を課される）、ということが重要であろう。私法の社会的な役割は、私人間の利害調整であり、不法行為法においては、被害者救済のかたちで表れている。責任集中制度の意義は、高度の危険性を有する活動により生ずる特定の損害について、第一次的な責任主体を規定し、右責任主体に結果責任を課すともに、（たとえば、原賠法6条以下、自賠法5条以下等で）賠償のための措置を講ずることを義務づけ（付保の強制）、このようなリスクマネジメントにより、実効的に被害者救済を実現するための法的な枠組みである、ということであると思われる。同様の発想は、製造物責任法に関する議論においても見受けられる。

---

(70)　石橋忠雄ほか「原子力行政の現状と課題——東海村臨界事故1年を契機として（座談会）」ジュリ1186号（2000年）26頁以下〔大塚直発言〕、豊永・前掲注(67)380頁以下。

(71)　谷川・前掲注(67)118頁以下、石橋・前掲注(70)26頁以下〔大塚発言〕、豊永・前掲注(67)381頁。このような議論により、責任集中制度の射程を画する見解がある（豊永・前掲注(67)381頁。右射程に関する議論については、原子力損害賠償実務研究会編・前掲注(69)28頁以下、福田・前掲注(67)6頁以下、豊永・前掲注(67)378頁以下参照）。

(72)　したがって、理論的には、原賠法2条2項にいう「原子力損害」については、厳格に解釈しなくてはならない（核分裂・放射線の作用および人体に対する毒性的作用に限定されている）。原子力損害の範囲については、右損害の特殊性・被害者救済等に鑑み、原子力発電所の事故等と事実的因果関係がある全損害を指す、との見解もある（米倉明「原発事故損害賠償請求雑考」戸時678号（2012年）48頁および55頁以下）が、右事故等と相当因果関係が認められる損害を指す、との見解が一般的である（原子力損害賠償実務研究会編・前掲注(69)10頁、263頁以下等）。しかし、厳密には、原子力発電所の事故等と相当因果関係がある損害のうち、原賠法2条2項に該当するものが「原子力損害」なのであり、本来、風評被害・自主避難に関する費用等は、「原子力損害」であるとは評価し得ない（淡路剛久「判批」リマークス1号（1990年）117頁、科学技術庁原子力局監修『原子力損害賠償制度〔改訂版〕』（通商産業研究社、1991年）53頁参照。その余の損害については、民法709条・同法719条、または、国賠法1条1項・2条1項等に基づく損害賠償請求の余地があろう）。ただし、判例は、原子力発電所の事故等と相当因果関係があれば、風評被害も原子力損害であると評価している（東京地判平18・4・19判時1960号64頁等）。

確かに、（原賠法とは異なり、）自賠法には、責任集中、または、運行供用者以外の者の免責についての規定はない。しかし、自賠法３条ただし書に鑑みれば、運転供用者は、運転者の運行上の不注意（運転のリスク）のみならず、本来ならば、製造業者の製造物責任が問われるような、構造上の欠陥・機能の障害（システムのリスク）についても、民事責任を負うことになっている。[75]これは、危険責任の思想、すなわち、保有者に機器の不具合による損害につ

(73)　不法行為法の（主たる）目的・機能として、「法と経済学」的な分析により、「抑止」をあげる見解がある（小塚壮一郎＝森田果「不法行為法の目的──『損害填補』は主要な制度目的か」NBL874号（2008年）10頁以下等。平井宜雄『現代不法行為理論の一展望』（一粒社、1980年）80頁以下参照）。ただし、そもそも多くの学説は、損害填補のみならず、不法行為法の副次的な目的・機能として、「抑止」をあげている（吉村良一『不法行為法〔第５版〕』（有斐閣、2017年）16頁以下、近江幸治『民法講義　事務管理・不当利得・不法行為〔第３版〕』（成文堂、2018年）94頁以下等）。確かに、公害等、刑罰では抑止効果が不十分なもの、または、侵害情報の拡散等、個々の侵害行為は軽微であり、可罰的違法性を有さないものなどについては、不法行為法の抑止機能は重要であろう。しかし、このような「法と経済学」的な見解は、刑事法・民事法の機能的な比較法および刑事政策（刑罰論）等に関する検討が不十分であり、個性的な損害における実態的な被害者救済の意識が希薄である（責任保険等による損害填補は、一律であり、低廉になる、との懸念がある。吉村・前掲注(73)20頁以下参照）。民事法における無過失責任についても、説明が難しい。また、「過失」に関して、抑止（＝制裁）機能は、被害者の慰謝（被害者救済）としての側面も有している（近江・前掲注(73)95頁参照）。たとえば、原子力発電所の事故に関する訴訟の中で、原賠法があるにもかかわらず、被害者が加害者の過失の立証を試みるのは、加害者の非難性を明確にし、被害者感情に応え、損害賠償額に反映させることにより、抑止につなげるものである、との評価がある（淡路剛久「判批」論ジュリ22号（2017年）102頁以下参照）。あくまでも、「抑止」は副次的なものであり、不法行為法の主たる目的・機能は、被害者救済であると評価し得よう。

(74)　たとえば、東京地判平14・12・13判時1805号14頁参照。同判決では、製造物責任法３条にいう「加工」の解釈において、製造物責任法は、結果責任を容認するものではなく、同条に基づく損害賠償責任を課すためには、製造業者等が製品の欠陥に関与していること（「加工」に際して、危険を作出した、または、原材料の欠陥を発見・除去し得たなど）が最低限必要である、という主張に対して、同条は、「加工」・損害間の因果関係を要求しておらず、右主張は、結局、製造業者等の過失の証明を要求することであり、製造物責任法の趣旨を没却しかねない、あるいは、製造業者等は、過失を前提としない損害賠償責任を負担する危険について、責任保険等に加入することにより、あらかじめ分散することが可能であり（これに対して、一般的に、消費者は、このような手段を有しない）、製造物責任法により他者の損害を転嫁することになっても、損害の公平な分担という不法行為法の基本原理に照らしても不合理であるとは評価できない、などと判示されている（加藤新太郎「本件判批」リマークス28号（2004年）68頁以下参照）。

(75)　浦川道太郎「自動運転による自動車事故と民事責任」小林英夫ほか編『自動運転の現状と課題』（社会評論社、2018年）所収136頁。

いても第一次的に責任を負わせようとすることが背景にある、と説明されている。このような見解に則れば、運行供用者は、車両圏内の要因に原因を有する人身事故であれば、運転のリスクか、システムのリスクかを問わず、たとえ、レベル５であっても、運行供用者の損害賠償責任が成立することを容認しうる。また、自賠法５条以下において、損害賠償責任の集中者に、特定の損害（他人への人身損害に限定されている）に対する賠償のための措置を講ずることを義務づけているのも、原賠法等と同様である。

　以上のような検討を踏まえれば、（現時点のレベル３において、自賠法３条を解釈し直すことを要求するものではないが、）将来的には、「運行供用者」とは、損害賠償措置を講じ、第一次的な責任主体として、責任集中させるのが制度的に最も適切である当事者である、評価することが妥当であろう。レベル４・レベル５について、加害者リスクを負わない搭乗者に保険料の支払い義務を課すことには、疑義を呈する見解もある（他方で、免責による、高度な危険性を有する活動を実際している搭乗者のモラルハザードを懸念する声も根強い）。（製造物責任法と同様、）価格に転嫁しうる車両の製造業者に一本化することもありうる。また、システムの供給者を第一次的な責任主体として、保険料の支払いを義務づけることを志向する見解も見受けられる。いずれにせよ、自動運転技術の発展にあわせ、適切な制度設計をすることが望まれよう。

---

(76)　浦川・前掲注(75)131頁。

(77)　浦川・前掲注(75)139頁。

(78)　最安価損害（事故費用）回避者に関する議論（平井・前掲注(73)110頁以下等）も参照されよう。

(79)　今井ほか・前掲注(2)33頁〔肥塚発言〕。

(80)　藤田友敬「自動運転をめぐる民事責任法制の将来像」同編『自動運転と法』（有斐閣、2018年）所収276頁以下。

▶▶▶実務へのアプローチ▶▶▶

弁護士　男澤　　拓

実務への Q&A

Q 消費者からみて、自動運転の誤作動や、安全のための制御装置が
作動しないといった原因から、自損事故が生じてしまった場合、
自動車メーカーに責任を問うことはできるのか。

A

1　はじめに

　自動運転について、法的には多くの論点があるところ、ここではもっぱら
自損事故における運転者（および車両所有者）の損害をどのように塡補する
ことができるかという観点から検討したい。

2　製造メーカーへの請求根拠

　現時点において自動運転や制御装置の不具合・誤作動に対する責任追及の
方法は、①製造物責任法、②販売者に対する契約不適合責任、③不法行為責
任等の追求が考えられる。また、自らの出捐は避けられないが、損害の塡補
という意味では、④任意保険を用いた塡補という手段が考えられる。本コラ
ムではさらに焦点を絞り、①製造物責任について検討する。

3　製造物責任

　製造物責任法は、製造業者等に対し、製造業者の製造物が欠陥によって他
人の生命、身体または財産を侵害したとき、損害賠償責任を認めるものであ
る。人工知能（AI）やプログラミング自体は「製造物」とは言い難いが、自

動車に用いられていることで一体として「製造物」に該当することとなる。

　製造業者が当該損害賠償責任を免れるためには、当該製造物をその製造業者等が引き渡した時における科学または技術に関する知見によっては、当該製造物にその欠陥があることを認識することができなかったことを立証しなければならず（製造物責任4条1号）、いわゆる故意・過失の部分について、立証責任が転換されているといわれている。

　他方、製造物の「欠陥」については、消費者の側で立証しなければならない。ここでいう、「欠陥」とは、「当該製造物が通常有すべき安全性を欠いていること」とされており（製造物責任2条2項）、一般に、ⓐ製造上の欠陥、ⓑ設計上の欠陥、ⓒ指示・警告上の欠陥に分類されている。ただし、欠陥（および因果関係）に関しては、事実上の推定などが事実上活用され、事案に則して公平の観点から被害者の証明負担の軽減が図られているとの指摘があり[1]、実際裁判例においてもそのような例は散見される（たとえば、仙台高判平22・4・22裁判所ウェブサイト等）。

　自動運転を行う自動車につき、誤作動を起こした場合、そもそも当該自動車に欠陥があると言えるのか、消費者からみて判然としないことから、消費者が純粋に「欠陥」があることという立証を求められた場合、困難となる可能性が高い。すなわち、AIの行動判断のプロセスおよび車両の制御方法が外形からの観察が困難であるし、状況の再現性の問題から、「AIの判断・意思決定を検証できないおそれ（システム間の相互作用が複雑となり解析が困難になるおそれ）」が指摘されているためである[2]。技術的に高度なプログラムであるAIに「欠陥」があることを消費者が立証しなければならないとなれば、消費者にとって非常に酷を強いることになる。

　また、自動運転にまで至らない安全のための制御装置について、「適切に機能しなかった」との主張については、製造物責任が認められない場合も想定しうる。というのも、制御装置はあくまで運転者の補助的な役割を果たす

（1）　消費者庁ウェブサイト「製造物責任（PL）法の逐条解説（平成30年9月）」〈https://www.caa.go.jp/policies/policy/consumer_safety/other/product_liability_act_annotations/〉。

（2）　総務省「AIネットワーク社会推進会議報告書2018」（2020年）39頁。

にすぎず、制御装置の「欠陥」といえるかどうか、はたまた、運転手の過失によるものか、事故後の検証において不明となるためである。裁判で否定された例として、カーナビゲーションシステムシステムで案内された通路が通常の走行に適さない通路を指定され、走行したところ、車両に傷が付いたとしてカーナビメーカーおよび車両の製造メーカーに製造物責任を追求した事案で、裁判所は、カーナビが果たす役割は補助的なものにすぎないといった理由づけがなされていた（福島地判平30・12・4判時2411号78頁）。

ただし、制御装置が補助的な役割だとしても、制御装置の不具合によって事故が発生した場合には、当然に製造業者に責任が問われるべきである。

後述する運行記録やドライブレコーダーから、通常の利用の範疇での誤作動を起こしたといえる場合には、簡易に自動車メーカーに責任が追及できることが望ましいといえる。

4 消費者としての自衛のために

(1) 車両の運行情報の収集

近時新車として販売されている車両にはおおむね、イベントデータレコーダー（以下、「EDR」という）が搭載されている。運転手がどのような操作を行ったか、車両の速度がどの程度出ていたか等、飛行機のブラックボックスのようにデータが記録される性質のものである。

平成30年9月に国土交通省から公表された「自動運転の安全技術ガイドライン」においても、「自動運転システムの作動状況や運転者の状況等をデータとして記録する装置を備えることが必要」と触れられている[3]。車両の運行記録とドライブレコーダーの記録をすり合わせれば、おおむね運転手がどのような操作を行っていたのかなどは把握できるようになると思われるし、車両自体の故障・不具合の立証にも資することになると思われる。

現在は、記録の取出し方法は特定の方法によるしかないようであり、また、

---

(3) https://www.mlit.go.jp/common/001253665.pdf

抽出・再現するためには多額の費用がかかるようになっているため、結果が重大である場合等に限り利用されているのが現状である。しかし、自らの車両の運行データであることから、改ざんの可能性を防止することは前提としたうえで、運転者においてもアクセスできるようになることが求められる。⁽⁴⁾

(2)　保険による塡補

　任意保険（車両保険および人身傷害保険）によって自損事故による損害をカバーできるよう、備えておく方法も考えうる。しかし、欠陥によって生じた損害を塡補するため、保険を利用することで保険の等級が上がってしまい、消費者が不利益を被る点について、全面的に賛成すべきとは言い難く、何らかの手当てがなされるべきように思われる。

　山﨑論文では、原賠法を参考に、自動運転に関する責任集中制度を組み立てることを提案している。製造業者やシステムの供給者に第一次的な責任として保険料の支払いを義務づける方策は、各事業者が事故を減らす（＝保険料を下げる）ためのインセンティブが働くことになるから、魅力的な提案に思える。

---

(4)　なお、刑事法の分野においても、「道路交通法の一部を改正する法律」（令和元年法律第20号）にて、自動車の使用者その他自動車の装置の整備について責任を有する者または運転者に対し、自動運転機能を有する自動車には、作動状態記録装置の設置義務および使用者の情報の保存義務が課されることになった（上記改正後の道交63条の2の2）。

② メーカー保証および代理店保証の法的性質——消費者保護の観点から

山形大学人文社会科学部教授　小笠原奈菜

本稿の概要

✓　メーカー保証の法的性質は、メーカー・消費者間の品質保証契約とする説が有力である。保証書がない場合（広告などで品質表明をした場合）は、メーカー・販売店間の第三者（消費者）のための契約が成立する場合もある。

✓　メーカー保証において、損害賠償請求を排除する等の免責条項は、消費者契約法8条から10条に基づいて有効性が否定されうる。さらに、「性質保証は免責条項を破る」という法理によって、免責条項の有効性が否定される場面がありうる。

✓　代理店保証の法的性質は代理店・消費者間の品質保証契約と考えられうる。メーカー保証とは異なり、保証書がない場合に代理店・販売店間の第三者（消費者）のための契約が成立すると考えるのは難しいといえる。

✓　代理店保証を品質保証契約と性質決定できるのであれば、免責条項についてもメーカー保証と代理店保証を同様に考えられるのではないか。

1　はじめに

(1)　問題の所在

　近年、パソコン関連用品、ベビー用品、スポーツ用品など、海外メーカーの商品を消費者が購入する機会が増えている。このような場合、海外メーカー（Intel、Ergobaby など）から消費者が直接購入するのではなく、海外メーカー、メーカーの日本国内の代理店、販売店を経由し、消費者の元へ届くこととなる。その際に、メーカー保証とは別に、メーカー代理店が独自の保証を付けることがあり、「代理店保証」と呼ばれている[(1)]。

　このような状況の下で、たとえばパソコンパーツのマザーボードのピン折れなどの欠陥があった場合に、売買の目的物の瑕疵を理由として販売店へ、メーカー保証を理由としてメーカーへ、代理店保証を理由としてメーカー代理店への責任追及が可能であり、消費者が広く保護されているように一見思える。しかし、メーカーや代理店が保証に関して広範な免責条項を定めているため、実際に保証される範囲は、消費者が想定していた範囲に比べてかなり狭いという問題がある[(2)]。

　メーカー保証の法的性質については、製造物責任の導入に際して、製造者としての責任をどのようにとらえるのかという観点から議論がなされ、さまざまな説が提示された。しかし、代理店保証の法的性質に関する議論は十分になされていないようにみえる。消費者が、メーカー保証に基づく請求をする場合、言語能力の問題や、準拠法・管轄などの問題があるため、手続が困難な面がある。消費者は、メーカー保証の代わりに代理店保証に基づく請求をすることになるため、代理店保証の法的性質と免責条項の効力に関して、消費者保護の観点から検討することには意義があるといえる。

---

(1)　後掲37頁の【資料】参照。
(2)　後掲37頁【資料】2(6)では物理的な損傷は保証対象外となっているほか、同5では二次的損害に関しては代理店は一切の責任を負わない旨が規定されている。

⑵　本稿の構成

　本稿では、たとえば、「無償保証　1年間」とのシールがパッケージに貼付されていたため、広範な保証を1年間ではあるが、無償で受けられると消費者が期待をして商品を購入したが、実際は保証範囲が狭いために修理等を拒否されるという問題について、消費者保護の観点から検討をする。具体的には、免責条項の有効性について検討する。この場合、海外メーカーに対して消費者が請求することは言語能力の問題や準拠法・管轄などの問題があるため困難であることから、メーカーの日本国内の代理店に対する請求の可否を検討する。

　初めにメーカー保証の法的性質について検討し（後記2）、次に免責の効力を検討し（後記3）、これらの議論の代理店保証への適用可能性を検討する（後記4）。最後に、代理店に対して適格消費者団体である消費者市民ネットとうほくが行った活動および今後の活動可能性を示す（後記5）。

2　メーカー保証の法的性質

　保証書が添付されている場合は、保証書を添付したメーカーに責任追及できることには異論はない。(3) しかし、法的性質については統一した見解はないのが現状である。メーカーが一定期間の品質保証を付け、無償修理に応じる理由として、市場に検査を託しているという面があるといえる。(4) このようなメーカー保証の法的性質については、主に下記の三説、すなわち、①メーカー・消費者間の品質保証契約構成、②メーカーの一方的債務負担行為構成、③メーカー・販売店間の第三者のためにする契約構成がある。本章では、

⑶　伊藤進ほか『テキストブック消費者法〔第4版〕』（日本評論社、2013年）261頁は、「その商品に品質保証書が添付されているときは、これに基づいて保証書責任も請求できる。この場合も契約関係にあるかどうかは問題ではない。品質保証書を添付した事業者が責任を負うことになる。製造業者が添付している場合が多いから製造業者に責任を求めることができる」とする。

⑷　携帯電話のリチウム電池について、かつては3年の検査期間を設けていたが、現在は1年で市場に出しているというメーカーもあるという。

各々についての学説を紹介し、検討を行う。

(1) メーカー・消費者間の品質保証契約[(5)]

(A) 概　要

　メーカー保証の法的性質をメーカー・消費者間の品質保証契約とする説は、保証書などにより、メーカーが、消費者に対して製品の品質保証を表示している場合、その表示に基づいて、メーカーは消費者に対して契約上の責任を負うとする。そして、それに基づくメーカーへの消費者の直接の担保請求権は、売主に対する担保請求権と併存する。

　品質保証契約とする説においては、品質保証契約の成立時期について異なる主張がなされている。成立時期の順に、①消費者が販売店から商品（および保証書）を受領した時とする説、②保証請求書の返送としての保証書を受領した時とする説、③消費者がメーカーへ修理等を依頼した時または依頼がメーカーに到達した時とする説、④メーカーが修理を引き受けた時とする説がある。以下、各々についての学説を紹介する。

(B) 品質保証契約の成立時期

(a) 消費者が販売店から商品（および保証書）を受領した時[(6)]

　消費者が販売店から商品（および保証書）を受領した時とする説は、保証書の添付が申込み、消費者への商品引渡し等の事実行為により品質保証契約

---

(5)　メーカーと消費者との間に品質保証契約が成立するという説を主張、紹介するものとして、鈴木禄弥『債権法講義〔四訂版〕』（創文堂、2001年）67頁、谷口知平＝加藤一郎編『新民法演習(4)債権各論』（有斐閣、1968年）87頁〔北川善太郎〕、加藤一郎ほか編『注釈民法(19)債権(10)』（有斐閣、1965年）132頁〔加藤一郎〕、石田喜久夫編『ドイツ約款規制法〔改訂普及版〕』（同文舘、1999年）223頁、笠井修『保証責任と契約法理論』（弘文堂、1999年）160頁以下、大村敦志『消費者法〔第4版〕』（有斐閣、2011年）163頁、日本弁護士連合会編『消費者法講義〔第5版〕』（日本評論社、2018年）253頁、道垣内弘人『リーガルベイシス民法入門〔第3版〕』（日本経済新聞社、2019年）148頁がある。

　　なお、笠井は、ドイツの判例・通説と同様に、保証書による場合は品質保証契約が成立するとし、宣伝・広告内での品質保証等を根拠とする場合は、第三者のためにする契約であるとする。

(6)　この説を紹介、主張するものとして、安永正昭「保証書——メーカーと売主の責任」加藤一郎＝竹内昭夫編『消費者法講座・第2巻　商品の欠陥』（日本評論社、1985年）84頁、笠井・前掲注(5)160頁以下、日弁連編・前掲注(5)253頁がある。

が成立するとする。承諾の意思表示が不要であることに関して、メーカーは消費者の承諾の意思表示が自己に到達することを黙示に放棄していると理解することができる[7]。

　メーカーに対する権利を買主に付与する趣旨である保証書によって、広範な免責条項が定められている場合、品質保証契約成立時に保証書が販売店から消費者に手渡されたときにさえ、買主は自己に不利となる重要な内容を知る機会をもたない。品質保証契約成立後、たいていは修理を請求する際に約款を確認することにより内容を知ることになるため、免責条項の存在は買主にとって不意打ちとなりうる[8]。

(b)　**保証請求書の返送としての保証書を受領した時**

　日本では稀だが、ドイツでは、商品に「保証請求書」が添付されており、消費者がこれをメーカーのもとへ送付すると、メーカーから消費者に保証書が送達されるという形態がとられていることがある。この場合、保証請求書のメーカーへの送付が消費者の申込みであり、これに応じた、保証書の消費者への送達が、メーカーの承諾の意思表示となるといえる[9]。

(c)　**消費者がメーカーへ修理等を依頼した時または依頼がメーカーに到達した時[10]**

　メーカーが保証書の添付をすることが申込みとなり、消費者のメーカーへの修理請求が承諾かつ契約の履行請求となる[11]。2017年改正前民法では修理を依頼した時に契約が成立し（発信主義：改正前民526条1項）、現行民法では依頼がメーカーに到達した時に成立する（到達主義：民97条1項）。消費者は、商品の受領から修理等の請求をするまで、すなわち品質保証契約が成立するまでに、免責条項を確認することができる。

(d)　**メーカーが修理を引き受けた時**

　保証書の添付は申込みの誘引であり、消費者のメーカーへの修理請求が申

(7)　笠井・前掲注(5)165頁。
(8)　免責条項が不意打ちとなる可能性について、笠井・前掲注(5)165頁参照。
(9)　笠井・前掲注(5)165頁。
(10)　この説を紹介、主張するものとして、日弁連編・前掲注(5)253頁、道垣内・前掲注(5)148頁がある。
(11)　道垣内・前掲注(5)148頁。

込みとなり、メーカーが修理を引き受けることが承諾となる。この場合、欠陥等が免責条項にあたる場合には、メーカーは保証書に基づいた責任を引き受けることはないので、免責条項にあたるような欠陥等の修理依頼の場合にはそもそも品質保証契約は成立しない。

(2) メーカーの一方的債務負担行為[12]

メーカー保証の法的性質をメーカーの一方的債務負担行為とする説は、消費者が商品を購入することを条件に、メーカーが製品の品質について一方的な修理約束（品質保証あるいは修理の保証）の意思表示をしているとする。このような債務負担行為（保証）は、メーカーの意思に基づくもので、消費者との合意の形をとらない。修理等の請求権は目的物に付着して転々流通する。免責条項が含まれている場合、当事者である消費者の合意なしに民法上の責任を免除することになる。

これに対して、一方的な修理約束を単独行為とみるのは困難であるとの批判がある[13]。

(3) メーカー・販売店間の第三者のためにする契約[14]

(A) 概　要

メーカー保証を第三者のためにする契約とする説は、諾約者（メーカー）と要約者（販売店）間に、将来特定する第三者（消費者）のための損害担保契約を認め、契約関係の外にいる第三者に対し損害担保請求権を与えるとする。この際に、メーカーの保証表示が、メーカーから販売店への申込みとなる。第三者（消費者）が受益の意思表示をすることにより権利が発生する（民537条3項）。消費者のどのような行為が受益の意思表示にあたるかに関し

---

(12) メーカーの一方的債務負担行為であるという説を主張、紹介するものとして、大村・前掲注(5)164頁、内田貴『民法Ⅱ債権各論〔第3版〕』（東京大学出版会、2011年）147頁、日弁連編・前掲注(5)252頁がある。
(13) 日弁連編・前掲注(5)253頁。
(14) メーカーと販売店との間に第三者のためにする契約が成立するという説を主張、紹介するものとして、笠井・前掲注(5)160頁以下、中田裕康『契約法』（有斐閣、2017年）180頁、谷口知平＝五十嵐清編『新版注釈民法(13)債権(4)補訂版』（有斐閣、2006年）747頁〔中馬義道＝新堂明子〕がある。

ては、上記(1)(B)と同様の議論となるであろう。

(B) 補償関係、対価関係[15]

　第三者のためにする契約については、第三者の権利取得の原因関係（補償関係、対価関係）が必要であり、補償関係の不存在や瑕疵は第三者のためにする契約の効力に影響を及ぼし、対価関係が欠けているときは第三者の不当利得になる。たとえば生命保険契約の場合、要約者である保険契約者と諾約者である保険会社との間の補償関係は、保険契約者から保険会社への保険料の支払いであり、保険契約者と受益者である第三者との間の対価関係は、保険契約者の死後の受益者の生活の安定のためということである（〔図表１〕参照）。

〔図表１〕　生命保険契約の場合

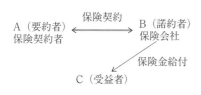

ＡＢ間の補償関係：ＡのＢへの保険料支払い
ＡＣ間の対価関係：Ａの死後のＣの生活安定
　　　　　　　　　のため

Ｃは100万円の保険金が給付されると
期待したが、約款により、20万円しか
給付されなかった。
100万給付せよと言えるか？

　メーカー保証における対価関係、補償関係は、〔図表２〕のようになる。

〔図表２〕　メーカー保証の場合

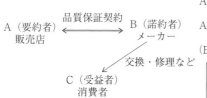

ＡＢ間の補償関係：ＢがＡに対して負うべき
　　　　　　　　　瑕疵担保責任がなくなる
ＡＣ間の対価関係：ＡはＣに対する瑕疵担保
　　　　　　　　　責任を免れる
（Ｂが瑕疵を除去した場合）

Ｃは１年間無償保証だと期待したが、
免責条項により、有償修理となった。
無償にせよと言えるか？

---

(15)　中馬＝新堂・前掲注(14)696頁以下。

Ⓒ 批 判

買主は、メーカーと売主との間の第三者のためにする契約のことを知らないので、買主は当該契約とは関係がない[16]。第三者のためにする契約とする説は、保証によりメーカーが負う義務の履行は、売主（修理工場）あるいはメーカー自身によって履行されなければならないことを根拠とするが、売主が当該義務を履行する場合には、売主はメーカーの履行補助者であるというだけである。

また、要約者（販売店）と受益者である第三者（消費者）との間の対価関係は、販売店が消費者に対する瑕疵担保責任を免れるということだが、この利益は第三者のためにする契約から生じるものであり、第三者が権利を取得することを正当化するものではない。要約者（販売店）と諾約者（メーカー）との補償関係については、メーカーは販売店に対する義務を履行するために消費者に担保給付するのではない。

仮に、第三者のための契約が認められるとしても、それは保証書によってメーカーと消費者との間に品質保証契約が成立していない場合である[17]。

(4) 検 討

メーカー保証の法的性質については、メーカー・消費者間の品質保証契約構成とする説が有力である。消費者との合意の形をとらないメーカーの一方的債務負担行為構成とするのは困難である。保証書がなく品質保証契約の成立が認められない場合、たとえば、広告などで品質表明をした場合は、メーカー・販売店間の第三者（消費者）のための契約が成立する場合もあるといえる。

(5) メーカー保証がある場合の販売店の責任

販売店は買主である消費者に対し、債務不履行責任および瑕疵担保責任（契約不適合責任:民法562条以下）を負う場合があり、これは、メーカー保証の存在によって販売店が免責されるものではない。ドイツでは、販売店保証

---

(16) Grunewald, in: Erman BGB, 15.Aufl., （2017）, § 443, Rn.9.
(17) Gottwald, in: Münchener Kommentar zum BGB, 8. Auf., （2019）, § 328, Rn.76.

がある場合、約款使用者である販売店は、法定の瑕疵担保給付とともにそれに付加して保証が存在することを認識できるよう原則として指示しなければならないとされている。さらに、メーカー保証が、販売店の瑕疵担保給付と併存して発生することを明らかにせず、それによって売主の保証が排除され、またはメーカーの保証の範囲内でのみ成立するとの誤解を生じさせる場合には、透明性の要請に反し、効力を生じないとドイツではされている。[18]

　日本でも、東京都等が消費生活条例に基づいて、保証条件の明記とともに、販売店の責任についての表示を規制している。すなわち、耐久消費財などの保証書の、通常は裏面の最後に、保証書による保証のほか、消費者に対し、販売店が負っている瑕疵担保責任および製造業者が負っている製造物責任などを、「この保証書の発行により軽減したり、免除したりするという影響を及ぼすものではありません」などと記載するよう規制している。[19]

3　保証書の法的性質および免責の効力

(1)　問題点

　メーカー保証あるいは代理店保証に基づいて無償修理等を請求できるとしても、広範な免責条項により、保証書に表示されているより実際の保証内容が狭くなり、消費者が期待した保証が受けられない場合がある。

　この点に関して、「性質保証は免責条項を破る」という側面から[20]、消費者が期待した保証をメーカーあるいは代理店に求めることはできないか。

---

(18)　石田・前掲注(5)224頁。なお、2002年の改正で、約款規制法はドイツ民法（同法305条〜310条）に取り込まれた。

(19)　伊藤ほか・前掲注(3)245頁。

(20)　「性質保証は免責条項を破る」という法理は、ドイツで発展し、ドイツ約款規制法に取り入れられた。ただし、売主が買主に対して性質保証をした場合に関するものである。詳細については、渡邉拓『性質保証責任の研究』（成文堂、2015年）81頁以下参照。

(2) 保証書の法的性質[21]

保証書の法的性質については、さまざまな説が主張され、統一した見解はない。保証責任主体の保証義務の「証拠証券としての資格証明書[22]」、「証券所持人はそのサービス給付を請求しうる資格をもつという資格証明書[23]」、「初期不良無料修理券[24]」、保証書とともに商品を譲り受けた者も債権譲渡の手続なしに債権者としての地位に立つ、有価証券[25]、免責証券としての性質も併せもつ有価証券[26]、有価証券[27]の性格はない単純免責証券[28]などがある。

(3) 免責条項の効力

保証書がある場合には、どうしてもそのルートで問題が処理されることが多いので、本来ならば瑕疵担保責任の問題として販売店が当然に無償で対応すべき事柄が有償となってしまい、「お客様の権利を制約しません」という趣旨の記載があっても実際上は権利を制約する効果をもつ[29]。

メーカー保証について、無料の瑕疵修補請求権または代物給付請求権を最終取得者に与えることを約束する一方で、損害賠償請求権を排除するものもある。約款規制に関するドイツ民法305条〜310条の規定に照らせば、そのような条項の有効性には問題がある[30]。日本法においても、損害賠償責任や瑕疵担保責任を全面的に免除するような契約条項などは、消費者契約法8条から10条の規定に照らせば、有効性には問題がある[31]。

---

(21) 笠井・前掲注(5)35頁。
(22) 浜上則雄「品質保証の法的性質」ジュリ494号（1971年）19頁。
(23) 北川善太郎『現代契約法Ⅱ』（商事法務研究、1976年）114頁。
(24) 鈴木深雪「東京都における保証書の表示規制」国民生活7巻2号（1977年）16頁。
(25) 大村・前掲注(5)163頁。
(26) U.Diederichsen, Die Haftung des Warenherstellers, 1967, S.40.
(27) J.Boetius, Der Garantievertrag, Diss. München, 1966, S.98ff.
(28) マンフレッド・レービンダー（高橋弘訳）「ドイツ売買法における製造者及び販売者の保証」磯村哲先生還暦記念『市民法学の形成と展開(下)』（有斐閣、1980年）121頁。
(29) 大村・前掲注(5)164頁。なお、ドイツでは、売主の瑕疵担保責任を排除すると消費者に誤解させるような、メーカー保証における免責条項は、ドイツ民法307条1項が規定する透明性の要請に反する（Wurmnest, in: Münchener Kommentar zum BGB, 8. Aufl., (2019), § 309, Rn.22)。
(30) 笠井・前掲注(5)170頁。

　消費者契約法によって有効性を否定できない免責条項に関しては、「性質保証は免責条項を破る」という側面から、免責条項にかかわらず、消費者が目的物購入時に期待した保証をメーカーあるいは代理店に求めることはできないか。ドイツでは、売主による保証の場合には、性質保証ないし損害担保の証明に成功すれば、ドイツ民法444条に倣い、債務者側は免責条項ないし責任制限条項の存在をもって抗弁となすことは自己矛盾行為にあたりできないと解され、そのような抗弁を封ずることが可能となるとの主張がある。すなわち、売主が一方において性質保証をしながら、他方で責任を排除するような条項を挿入する場合、性質保証責任からすると一種の矛盾行為として信義則を根拠にこれを無効と解する。

　メーカーは消費者に対して法定の瑕疵担保責任を負っていないという面が売主保証とは異なる。しかし、性質保証をしながら責任を排除する条項を挿入する行為が一種の矛盾行為となる点については、売主保証もメーカー保証も同様に考えることが可能ではないか。ドイツ法において免責条項の無効が認められるより一般的な理由づけとして、連邦通常裁判所は、「あらゆる場面で免責条項が有効とされてしまうと、性質保証という制度が取引社会において有する存在意義が全く失われてしまう」、あるいは、「売主がいったん買主に与えた性質保証を約款に免責条項を挿入することによって再び奪うことは信義誠実の原則に反する」などという主張を持ち出していた。その背後には、「買主を無権利の状態においてはならず」、「そのためには性質保証責任自体が免責条項によって無に帰せしめられてはならない」という考えがあるといえる。このことは、メーカー保証についてもあてはまるといえる。

⑶1　日弁連編・前掲注⑸253頁～254頁。
⑶2　ドイツ民法444条：（責任の排除）
　　売主が瑕疵を悪意で黙秘しまたは目的物の性質（Beschaffenheit）の損害担保（Garantie）を引受けていた場合は、売主は瑕疵に基づく買主の権利を排除あるいは制限する合意を援用することはできない。
　　なお、条文訳は、渡邉拓『性質保証責任の研究』（成文堂、2015年）234頁による。
⑶3　渡邉・前掲注⑶2211頁。
⑶4　渡邉・前掲注⑶295頁。
⑶5　渡邉・前掲注⑶294頁。

4　代理店保証

(1)　代理店保証の意義

　消費者から販売店に商品の修理等の請求がなされた場合、販売店が自らの売主の責任（債務不履行責任・瑕疵担保責任（契約不適合責任））を履行する代わりにメーカー保証を利用しようとしても、海外メーカーの場合には、言語能力の問題や、準拠法・管轄などの問題があるため、手続が困難な面がある。そのため、国内の代理店が独自の保証を付け、そのことにより、販売店は自ら海外メーカーと交渉する必要はなくなり、安心して商品を消費者に売ることができる。すなわち、販売店との取引を増やすという経済的目的のために、代理店は保証を付けているといえる。

(2)　代理店保証の法的性質および免責条項の効力

　EU消費者権利指令では、保証を与える者として、販売店とメーカーのみをあげ、代理店をあげていない。[36]代理店の場合はメーカーと異なり、瑕疵惹起損害に対する賠償責任を負う可能性はない。したがって、メーカー保証と代理店保証を同様のものとしてとらえることに問題があるようにみえる。一方で、ドイツ民法443条は、[37]損害担保に関して、「売主または第三者が」と規定し、「第三者」にはメーカーだけではなく、代理店なども含まれると理解されている。[38]

---

[36]　Faust, in: BeckOK zum BGB, 56. Auf., (2020), § 443, Rn.12.
[37]　ドイツ民法443条（性質及び耐用性の損害担保）
　　1項　売主又は第三者が、目的物の性質（Beschaffenheit）又は目的物が一定期間一定の性質を有すること（品質保持の担保）についての損害担保を引受けた場合には、その担保した事由が発生したときには、法定の請求権を妨げることなく、損害担保を与えた者に対する、損害担保の表示及びこれに関連する広告において与えられた条件で、買主には損害担保に基づく権利が与えられる。
　　2項　品質保持の担保が引受けられた限りで、その有効期間内に発生した物的瑕疵は損害担保に基づく権利を惹起するものと推定される。
　　なお、条文訳は、渡邉・前掲注(32)243頁による。2014年施行の現行443条には、責任主体として「製造業者」が追加された。

　代理店保証の法的性質については、メーカー保証の法的性質と同様に、下記の三説、すなわち、①代理店・消費者間の品質保証契約構成、②代理店の一方的債務負担行為構成、③代理店・販売店間の第三者のためにする契約構成が考えられうる。本節では、各々についての検討を行う。

Ⓐ　代理店・消費者間の品質保証契約

　代理店等の保証は、メーカー保証と同じ方法で成立するとする説がある。[39]メーカー・消費者間の品質保証契約と、代理店・消費者間の品質保証契約を同じ性質であるととらえると、代理店が定める免責条項に関しても、消費者契約法に基づき効力を否定することや、「性質保証は免責条項を破る」という側面から、免責条項の効力を否定できうるといえよう。

Ⓑ　代理店の一方的債務引受

　代理店が製品の品質について一方的な修理約束（品質保証あるいは修理の保証）の意思表示をしていると理解することもできる。この場合、免責条項の有効性を否定することは難しいと考えられる。

Ⓒ　代理店・販売店間の第三者のためにする契約

　諾約者（代理店）と要約者（販売店）間に、将来特定する第三者（消費者）のための損害担保契約を認め、契約関係の外にいる第三者に対し損害担保請求権を与えるという第三者のためにする契約ととらえることも可能である。この際、代理店の保証表示が代理店から販売店への申込みとなり、第三者（消費者）が受益の意思表示をすることにより権利が発生する（民537条2項）。

　代理店・販売店間の補償関係は、代理店が販売店に対して負うべき瑕疵担保責任がなくなるということである。確かに、代理店と販売店の間には売買契約があり、代理店は瑕疵担保責任を負うが、さらに、代理店はメーカーに対して瑕疵担保責任を追及することが可能である。この点においてメーカーと代理店の立場は異なる。

　販売店・消費者間の対価関係は、瑕疵が除去された場合に、販売店は消費

---

(38)　Faust, 前掲注(36), § 443, Rn.12.
(39)　Grunewald, 前掲注(16), § 443, Rn.10. なお、Grunewald はドイツの通説と同様に、メーカー保証については、メーカー・消費者間で品質保証契約が成立し、成立時期は、保証書を含めた商品を消費者が受領した時とする。

者に対する瑕疵担保責任を免れるということである。瑕疵を除去するのは諾約者である代理店ではなくメーカーであるため、諾約者であるメーカーが瑕疵を除去するメーカー保証と同様に考えることは難しいのではないか。

Ⓓ 検 討

代理店保証の法的性質については、代理店・消費者間の品質保証契約構成と理解することができる。しかしメーカー保証と異なり、保証書がなく品質保証契約の成立が認められない場合に、代理店・販売店間の第三者（消費者）のための契約が成立すると考えるのは難しいといえるだろう。品質保証契約と性質決定できるのであれば、免責条項についても代理店保証をメーカー保証と同様に考えられるのではないか。

5　おわりに

(1)　まとめ

本稿では、メーカー保証および代理店保証における免責条項の有効性について検討をした。第一に、メーカー保証の法的性質については、メーカー・消費者間の品質保証契約構成とする説が有力である。保証書がなく品質保証契約の成立が認められない場合は、メーカー・販売店間の第三者（消費者）のためにする契約が成立する場合もあるといえる。

メーカー保証において、損害賠償請求を排除する等の免責条項は、消費者契約法 8 条から10条に基づいて有効性が否定されうる。さらに、「性質保証は免責条項を破る」という法理を理由として民法 1 条 2 項の信義則に基づき、免責条項の有効性が否定される場面がありうる。

代理店保証の法的性質については、代理店・消費者間の品質保証契約構成と理解することができる。品質保証契約と性質決定できるのであれば、免責条項についても代理店保証をメーカー保証と同様に考えられるのではないか。

(2)　消費者市民ネットとうほくによる要請

「無償保証　1 年間」とのシールがパッケージに貼付されていたため、広

範な保証を1年間ではあるが、無償で受けられると消費者が期待をして商品を購入したが、実際は保証範囲が狭いために修理等を拒否されたという問題に対して、消費者市民ネットとうほくでは次のような活動を行った。

代理店保証をしている代理店に対し、①消費者に対して、製品保証の範囲について約款により制限していることが製品購入時にわかるように明示すること、②製品保証の対象範囲について、消費者に対し、約款において具体例を用いるなどしてわかりやすく表示することという要請を行い、当該要請に従った改善がなされた。[40]

(3) 消費者市民ネットとうほくにできること

メーカー保証および代理店保証に関して、消費者市民ネットとうほくができることとして下記のことが考えられる。第一に、代理店保証をしている代理店に対して、ウェブ約款に関する記載を保証書にするよう申入れをすることである。「詳細は下記URLをご覧下さい」等の記載のみではなく、「ただし、保証されない場合もあります。詳細は下記URLをご覧下さい」等の免責条項がある旨の記載も必要であるといえる。とりわけ、品質保証契約構成をとった場合には、1年間の無償保証がある旨を表示することによりあらゆる場合に無償保証されるような誤解を与える一方で広範な免責条項を定める行為は自己矛盾行為となり信義則違反となりうる。あるいは、有利誤認表示にあたり（景表5条2号）、打消し表示が必要となりうる。

第二に、販売店に対して、販売店が契約不適合責任などの売買契約上の責任も負うことを利用約款などに明記するよう申入れをすることである。上記2(3)で検討したように、ドイツでは、保証書による保証のほかに、売主としての法定の担保責任が存在する旨を明らかにしなければならないとされている。ただし、申入れの根拠条文については今後検討する必要がある。

(4) 残された課題

保証書による品質保証は、一見すると消費者である買主に有利なもので、

[40] 消費者市民ネットとうほくウェブサイト「申入れ等活動 2018.08.08」〈https://www.shiminnet-tohoku.com/proposal/pro02.html〉（2020年3月3日閲覧）。

買主の救済手段を広げるものにみえる。しかし、販売店保証の場合、「お買い上げから１年間」といった期間制限を付ける場合が多く、これは契約不適合責任の期間を制限するものであり、売主に有利な特約である[41]。そもそも、瑕疵を修理することが「サービス」だと考えている発想そのものが異常であるといえる[42]。

　メーカー保証の場合には、消費者の負担を軽減する機能はある。販売店に瑕疵担保責任を追及するためには、消費者は瑕疵の証明をしなければならないが、保証書は、このような証明なしで販売店に代わってメーカーが責任を負う[43]。品質保証は、いわば無料のアフター・サービスであるが、実際には、コストは原価に組み込まれているので、商品と同時にアフター・サービスも買わされている[44]。すなわち、品質に関するリスクを、商品の原価に組み込むという方法によって有償で消費者が広く負担するともいえ、保険の側面もある。このような観点から、メーカー保証および代理店保証の法的性質を検討する必要もあるのではないか。

　また、無償保証について、修理・交換をする者（メーカー、代理店、販売店）が身銭を切って行っているという誤解を消費者がしていることが問題といえる。これに対して、無償保証を付けるか否かの選択肢を消費者に与えるという対応が考えられる。選択肢を与えることにより、消費者の誤解が生じなくなる可能性がある。スマートフォン、ノートパソコンなど、無償保証を付けるか否かの選択肢を与えるという方法をすでに行っている業者も多い。

---

(41)　道垣内・前掲注(5)149頁。
(42)　道垣内・前掲注(5)149頁。
(43)　大村・前掲注(5)164頁。
(44)　大村・前掲注(5)164頁。

【資料】保証規定の例

保証規定　A社　　　　　　　　　　https://www.a...co.jp/warranty.html

保証規定

A社製品保証規定

　本保証規定はA社（以下、弊社と表記）を経由して販売させていただいた製品が故障した場合の保証内容を明記したものです。

１．保証内容

　本製品が保証期間内に正常な使用状態で故障した場合に本保証記載内容に基づき修理もしくは交換を無償にて行わせていただきます。

２．保証規定の対象外とさせて頂く事項

　以下の事項に該当する場合には保証規定の対象外とさせていただきます。

⑴　保証書もしくは保証シールの提示がない場合

⑵　製品に印字あるいは貼付された製造番号が汚損、損傷、および何らかの理由により確認できない場合

⑶　製品購入日に発行された販売店での製品名および購入年月日が確認出来る領収書もしくはレシートがない場合、およびそれらの書面の字句を書き換えられた場合

⑷　弊社保証をお受けになれないことを前提として販売された製品（ジャンク品等）の場合

⑸　製品の不適切なお取り扱いにより発生した動作不良と弊社にて判断した場合

⑹　発生原因を問わず、製品の端子等を含む折れ、曲がり、欠損、焼損およびその他の物理的な損傷を弊社にて確認した場合

⑺　BIOS およびファームウェア等の書き換えに起因する動作不良の場合

⑻　動作周波数・電圧・温度を含む製品の仕様として定められた諸条件を外れた環境でご利用いただいた場合

⑼　火災、地震、水害、落雷、戦争、紛争、その他自然災害および公害の場合

⑽　静電気、異常電圧、異常ノイズに起因する故障・損傷が発生したと弊社にて判断した場合

⑾　接続されている他の機器、および不適当な消耗品やメディアの使用に起因して故障・損傷が発生したと弊社にて判断した場合

⑿　製造メーカーもしくは弊社以外で、改造・修理・調整・部品交換等をされた場合

⒀　製品の仕様に適合しない機器を接続したことによる破損・故障の場合

⒁　自然消耗、磨耗、劣化による破損・故障・障害の場合

⒂　故意および過失による製品の破損の場合

(16)　お買上げ後の輸送、移動時の落下等お取り扱いが不適当なために生じた故障または損傷

(17)　その他、合理的事由から弊社が保証対象外と判断した場合

３．修理完了製品の保証

　当初の保証期間の満了日をもって保証期間は終了いたします。弊社での修理・交換等をお受けいただくことにより保証期間が延長および発生するものではございません。

４．その他

(1)　保証をお受けになる際の窓口は基本的にご購入いただいた販売店様となります。ご購入いただいた販売店様までお問い合わせください。一部メーカーサポート窓口のある製品についてはメーカー窓口までお問い合わせください。窓口の詳細については弊社サイトを参照ください。

(2)　製品保証はオークション等の個人間売買を含む中古販売によって延長および発生するものではありません。

(3)　修理の際には製品以外のパーツ等をお預かりすることは出来ません。

(4)　修理の際には製品以外の物品・パーツ等を添付された場合、弊社では保管・紛失・損傷・盗難を含む一切の責任は負いかねます。また、返却も出来かねますことをご了承下さい。

(5)　お買い上げいただきました製品はいかなる場合でも返品、交換には応じられません。

　　　特定の機器との間で発生する不具合（一般に相性と呼ばれるもの）に関する動作は保証いたしません。

(6)　本保証規定は日本国内においてのみ有効です。海外からの修理依頼、および海外でご利用いただいている製品に関しては保証をお受けになれません。

(7)　ハードディスク、SSD、フラッシュメモリー、その他記録型ドライブ・メディア等のデータ、および製品における設定等の内部データに関する保護、補償はいたしません。修理の際、上記データについて消去を行う場合があり、修理をご依頼いただいた時点で同意されたものとします。

(8)　修理中の代替製品のご提供は行っておりません。

(9)　弊社以外の輸入代理店を経由した製品、および並行輸入品については保証規定の対象外とさせていただきます。

(10)　保証をお受けになる際の送料は双方元払いとさせていただきます。着払い等でお送りいただいた場合、製品のお受け取りはいたしかねます。

(11)　修理の際には弊社の判断に基づき正常に動作する同一製品・同等製品もしくは後継機種への交換とさせていただく場合もございます。

(12)　ハードディスクドライブ・ソリッドステートドライブ・各種メモリー系製品等の記憶媒体及びこれらを内蔵する製品の修理をご依頼いただく場合、その記憶媒

体内に特定個人情報（行政手続における特定の個人を識別するための番号の利用等に関する法律第2条第8項に定めるものをいいます）が記録された状態でお預かりすることはできません。修理をご依頼される前に、お客様の責任において特定個人情報を消去してください。お預かりした製品に該当するデータの存在、またはその可能性が確認された場合につきましては、この時点で一旦お取り扱いを中止し、そのままご返却させていただきます。該当するデータの消去を行っていただいた上で再度お送りいただくこととなりますので、予めご了承ください。

⒀　本保証規定は予告なく変更する場合がございます。製品の保証は最新の保証規定の内容を適用することとさせていただきます。

5．免責事項

　法律上の請求の原因の種類を問わずいかなる場合においても、本製品の使用または使用不能から生ずる二次的損害（事業利益の損失、事業の中断、他の機器や部品に対する損傷、事業情報の損失またはその他の金銭的損害を含む）に関して、弊社は一切の責任を負わないものとします。

※ This warranty is valid only in Japan.

▶▶▶実務へのアプローチ▶▶▶

弁護士 後藤 雄大

実務への Q&A

Q1 Aさんは、2020年12月、半年前に B 電器から購入した10万円のブルーレイレコーダーを作動させたところ不具合が発生し、ブルーレイレコーダーは停止したまま動かなくなった。A さんは保証書を確認しメーカー C に連絡したところ、購入日から 1 年以内だったため保証期間内の無償修理が行われた。しかし、修理日から 1 週間後にまた不具合が起きブルーレイレコーダーはまた動かなくなった。メーカーは再度無償で修理をするというが A さんは不具合が続いたので交換してもらいたいと思っている。

A

　本来であれば、A さんは販売店である B 電器に対して、不良品を販売した責任として、契約不適合責任を追及でき、修理や交換を求めることや損害賠償請求を行うことができる。状況によっては、契約の解除が認められる場合もある。これが、民法に基づく売買契約における売主の責任である。

　また、メーカー C に対しては、製造物責任や不法行為に基づく損害賠償請求が可能である（損害賠償の範囲について、製造物責任法では 3 条において「その引き渡したものの欠陥により他人の生命、身体又は財産を侵害したときは、これによって生じた損害を賠償する責めに任ずる。ただし、その損害が当該製造物についてのみ生じたときは、この限りでない」とされていることに注意）。

　もっとも、現実には、ほとんどのケースでは事例のとおり、販売店ではなく製造者であるメーカーの保証書に基づき修理や代替品への交換を求めることが多く（Q 2 のように販売店独自の保証や延長保証契約に基づく場合もあろう）、商品の売主に対して民事上の責任を追及することはあまりないと思われる。

　これは、購入直後の不具合発生など明らかに製品に問題がある場合は、販売店である B 電器も責任を認めることも多いと思われるが、購入から一定

期間経過している場合は、Ｂ電器もたやすく売主としての責任を認めるとは限らないからである。

　一方、メーカー保証などに基づく修理ないし代替品への交換については、大抵期間内であれば特に調査等もなく、サービスが提供されていることが多いと思われる。

　仮に、Ａさんが、Ｂ電器に対して、契約不適合責任を追及するためには、Ａさんは不具合が発生した原因を明らかにし、ブルーレイレコーダーの性能に問題があることを構成する事実を主張し、証拠によって立証する必要がある。

　しかし、消費者であるＡさんが、家電のような精密機器の不具合を調査し、どこに問題があるのかを主張することは現実的には極めて困難である。これは、メーカーＣに対する不法行為に基づく損害賠償請求の場合も同様である。[1]

　Ｑ１では、Ａさんは、保証書に基づきＣに対して対応を求めているが、修理ではなく、交換を求めることができるのか。

　結論としては、メーカーＣの保証書の契約内容によることとなる。修理だけではなく、代替品の提供を前提とする内容であれば、修理直後に再度不具合が発生した事情に照らせば代替品の提供を求めることも認められるべきであろう。あくまで保証書の文言が修理のみを対象とすることが明らかな場合は、契約解釈上の限界があるかもしれない。一方で、前稿「メーカー保証および代理店保証の法的性質――消費者保護の観点から――」でも検討されているように、消費者に代替品の提供の期待を抱かせるような保証内容となっているのであれば、代替品の提供を拒むことについて矛盾行為として信義則をもとに責任を肯定することも考えられるべきである。

　また、ＡさんとＢ電器の関係については、上述した立証の問題がクリアできるのであれば、契約不適合責任の問題となり、Ａさんは、ブルーレイレコーダーの不適合を知った時から１年以内に請求を行っているので、その不適合を理由として、履行の追完請求（修理や代替品の提供）、代金の減額請

---

(1)　日本弁護士連合会編『消費者法講義〔第5版〕』（日本評論社、2018年）252頁。

求、損害賠償請求や契約の解除を行うことができる。

Q2 Dさんは、2020年5月に15万円で販売店Eからドラム式洗濯機を購入した。メーカーFの保証書では、購入日から1年間の保証がついていた。

2021年7月に突然洗濯機が正常に作動しなくなったが、Dさんは説明書の通り使用しており、特に落ち度はなかった。DさんがメーカーFに連絡し、修理の見積りを求めたところ、5万円かかるということだった。

Dさんは販売店Eの独自の保証に加入していたが、「購入日から2年間に限り」と期間制限がされていた。洗濯機が保証期間経過後の2023年に故障した場合はどうか。

A

本事例では、メーカーによる保証期間が経過しており、製造者であるメーカーに対してメーカー保証に基づく無償修理を求めることはできない。もっとも本事例では、販売店Eによる独自の保証に加入しており、保証期間内であれば、保証に応じたサービスを受けることができる。

一方で同期間が経過した後に、Dさんは販売店Eの契約上の責任を追及することができるかが問題となる。

通常は、販売店と締結した修理等のサービスを保証する契約については、期間経過後の契約責任を制限するものではないと思われるが、仮に、保証期間を過ぎたことをもって、消費者の販売店に対する請求権を制限する内容である場合は、消費者の権利を一方的に制限するものであり、消費者契約法10条により無効であると考えるべきである(2)。

したがって、販売店との保証契約により、契約責任の追及を制限することは許されないと考えるべきであるが、Q1でも述べたように、実際には専

---

(2) 道垣内弘人『リーガルベイシス入門〔第3版〕』(日本経済新聞社、2019年) 149頁においても、量販店の発行する保証書について、売主の責任を制限する特約について「保証期間経過後も民法上の契約不適合責任は別途追及できると解すべきであろう」としている。

門機関などの調査がない限り、消費者個人が家電における不具合の立証を行うことは極めてハードルが高い。同一の商品について、同様の不具合が多発するなど、特殊な事情がない限り、製品の問題点を主張・立証することは事実上困難である。

　この点、訴訟上の立証責任の分担の考え方として、消費者側からある程度の物品の欠陥が立証された場合には、販売店による積極的な反証を求めるなど事実上の立証責任の転換ないし、立証の程度の配慮も検討されるべきである（もっとも商品の製造者ではない販売店にどの程度の対応が可能かという問題もあり悩ましいところである）。

　生活家電については、訴訟の立証構造の問題だけではなく、費用対効果や生活上の面から訴訟になじまないことも多い。すなわち、事例の洗濯機などの場合、15万円で購入した洗濯機の修理費用5万円について訴訟において争うことを考えた場合、弁護士費用等を勘案すると費用倒れになることも想定される。また、修理費用に多少の不満があっても実生活の不便を考えると修理を依頼せざるを得ないことも多いと思われる。現実には、洗濯機が壊れた状態のまま時間を要する訴訟を選択することは非常に困難であるといえる。

　以上からすれば、本事例のような消費者個人で解決が難しい分野においては、消費者に対する権利制限や事業者の免責条項の問題について、適格消費者団体が行う事業者への改善申入れや差止請求が果たすべき役割は大きいといえる。

③ デート商法と2018年（平成30年）改正消費者契約法4条3項4号

尚絅学院大学総合人間科学系社会部門教授　**栗原由紀子**

本稿の概要

✓ デート商法とは相手の恋愛感情を利用する悪質商法の1つである。最近のデート商法では、婚活サイト等を利用して接触した消費者の結婚願望や恋愛感情につけ込んだ狡猾な勧誘手法が問題である。

✓ 従来のデート商法の被害者救済としては、相手方の恋愛感情につけ込むという勧誘手法の違法性や社会的相当性の逸脱を理由に、不法行為に基づく損害賠償請求（民709条以下）や、公序良俗違反による無効（民90条）が考えられる。

✓ 2018年（平成30年）改正消費者契約法において、デート商法等を典型例とする「恋愛感情に乗じた人間関係の濫用」による契約取消権が、新たな困惑類型の1つとして規定された。これが、2018年改正消費者契約法4条3項4号である。

✓ 消費者契約法4条3項4号の規定内容は適用場面を細かく限定しており、救済されるべき事例が救済されない危険がある。「つけ込み型」、「状況の濫用型」といった事例に対応する包括的な一般条項の創設が早急に必要である。

1　はじめに

デート商法（恋人商法）とは、取引目的を隠して近づいた相手方に対し、言葉巧みな話術で好意を抱かせたうえで、その相手方の恋愛感情等を利用し

て、商品・サービス等を販売する悪質商法のことをいう。

　デート商法の勧誘者らは、会話等を通して相手方の好意の感情を育んだ後、営業所や展示場に連れて行き商品等を購入させる。販売される商品は、宝石等貴金属類や絵画、美容機器などさまざまであるが、比較的高額商品であることから、購入者は購入に際してクレジット契約の締結や消費者金融への借入れをさせられるという点も問題となる。

　従来、デート商法を直接規制する法律等はなかった。確かに、デート商法が行われる場面は、不意打ち性や密室性という性質をもった無店舗販売事例が多いことから、クーリング・オフ権の行使等、特定商取引法の適用により問題を解決できる可能性はある。しかし、勧誘者がクーリング・オフ行使の阻止を企図して、一定期間親密な関係性を継続するよう振る舞う場合が多く、特定商取引法上の救済は事実上困難であることも多い。

　このような状況の中、2018年（平成30年）改正消費者契約法では、消費者が契約の意思表示を取り消すことのできる不当勧誘行為の「困惑類型」として、「不退去」、「監禁・退去妨害」といった身体拘束型勧誘（消契4条3項1号2号）に加えて、いわゆる「つけ込み型勧誘」として、①社会生活上の経験が乏しいことから「消費者の不安を過大にあおること」（消契4条3項3号・5号・6号）、および「恋愛感情等に乗じて契約締結を勧誘すること」（消契4条3項4号）や、②消費者が契約の意思表示をする前に契約締結した場合に負う義務内容を実施すること（消契4条3項7号・8号）が新設された。

　このうち、「恋愛感情等に乗じて契約締結を勧誘すること」（消契4条3項4号）は、「デート商法」を典型例と考えて規定されたようである。今後はデート商法的勧誘により締結してしまった消費者契約は取り消しができるようになったといえる。しかし消費者契約法4条3項4号は、その適用要件が

---

(1)　販売目的を隠して電話や電子メール等で相手方を呼び出すデート商法の勧誘手口は、アポイントメントセールスやキャッチセールス（特商2条1項2号、特商令1条）そのものといえる。

(2)　消費者契約法4条3項5号に関する論稿として、窪幸治「平成30年改正消費者契約法4条3項五号について」総合政策20巻（2019年）83頁以下参照。

(3)　消費者庁消費者制度課編『逐条解説　消費者契約法〔第4版〕』（商事法務、2019年）168頁。そのほか、逐条解説では「親切商法」や先輩後輩の関係などが「人間関係の濫用」として紹介されている。

45

細かく規定されており、今後の被害者救済や問題解決にどれだけ資するのか
疑問である。

　そこで本稿は、デート商法における被害者救済に関して従来からの法的な
問題と消費者契約法4条3項4号の問題点についての考察を試みる。

2　デート商法被害と法的問題

(1)　デート商法の特徴

　デート商法の被害者（消費者）は、電話や電子メール、イベントや街頭で
の声掛けといった、いわば「アポイントメントセールス」や「キャッチセー
ルス」をきっかけに、取引へと引き込まれる。被害者は、会いたいと言われ
て会いに行き、喫茶店や営業所等で長時間勧誘されて根負けして買うという
のが、従来からみられる勧誘手法であった。[4]恋愛感情を利用したデート商法
の被害者には、今も昔も学生や新社会人等の20歳代の若年者が巻き込まれる
ことが多いということは、[5]消費生活センターへの相談件数等からもうかがえ
る。[6]

　一方、最近のデート商法は、30歳代から40歳代の中高年がターゲットであ
ることも多い。この世代は、社会経験が豊富で、一定の貯蓄や収入もあり、
金融機関のローン審査等も通りやすいことから、社債購入や投資用マンショ
ン購入を勧誘されて、若年者が巻き込まれるデート商法よりも被害額が高額

---

(4)　このような事例では、契約締結過程における不実告知や不当勧誘を客観的に認定す
　るのが困難で、被害者がデート商法による違法性を主張しても認められない場合もあ
　る。たとえば、ホテルの展示会における商品販売においてデート商法であったと主張
　したが証拠不備で認められなかった裁判例として、名古屋地判平16・11・19判時1917
　号117頁。
(5)　デート商法その他若年者の消費者被害について、その背景や実情を紹介する文献と
　して、若松陽子「悪徳商法に狙われる若者達」自正44巻2号（1993年）69頁、同「悪
　徳商法に狙われる若年層――巻き込まれやすいトラブル」月刊国民生活28巻4号
　（1998年）18頁、山本映子「不当な勧誘行為による若年者の消費被害」自正44巻2号
　（1993年）61頁。
(6)　2014年から2016年に消費生活情報ネットワークシステム（PIO-NET）に登録され
　た「デート商法」に関する相談の契約者年齢別割合によれば、20歳代が49.7％を占め
　ている。消費者庁編・前掲注(3)75頁。

になるという特徴がある。中高年が勧誘されるデート商法は、婚活パーティーや結婚相手紹介サイト、婚活アプリケーション（アプリ）を利用して出会うところから始まる。そして、連絡先を交換し、何回も食事やデートを重ねて関係を深め、信頼させたうえで販売等の勧誘をする。交際や結婚をほのめかされ、「二人の将来のために投資を考えてほしい」とか「私もやっている。節税対策にもなる」など言葉巧みに購入へと誘導される。

　このように、最近のデート商法は、単なる恋愛感情だけではなく、将来の結婚等への期待を悪用される場合もある。これは、結婚を真剣に考えていた被害者にとっては経済的損害だけではなく、精神的損害も甚大なのである。

(2)　裁判例

Ⓐ　販売会社等の事業者が勧誘する事例（勧誘者＝販売者型）

　デート商法では、販売業者の従業員等が不当勧誘を行って商品等を購入させるといった組織的な手法がとられる。このようなデート商法の違法性が争われた事例として、まず①仙台地平16・10・14判時1873号143頁がある[7]。電話で呼び出された被害者がデート商法により次々と高額な宝飾品等を購入させられ、これを原因として自殺したことから、被害者の両親が宝飾品販売会社と勧誘した従業員に対して被害者固有の慰謝料を請求した事件であった。判決は、販売業者の勧誘・販売を不法行為と認定し、被害者遺族の慰謝料請求を認めた。

　②京都地判平19・12・19 LEX/DB 文献番号28140275は、宝飾品販売会社の従業員が無差別電話勧誘により知り合った相手を食事等に誘い出し、思わせぶりな言葉を用いて、クレジット契約やカードローンにより宝石類等を購入させた事件である。判決は勧誘者およびその勤務会社（販売会社）に共同不法行為責任を認め、損害賠償請求を全額認容した。また、③東京地判平23・10・18 Westlaw Japan 文献番号2011WLJPCA1018800も、婚活パーティーで知り合った相手からアクセサリー購入の勧誘を受けて、勧誘者の勤務先である販売会社からアクセサリーを購入したという事件であったが、勧誘

---

(7)　熊谷士郎「判批」河上正二＝沖野眞己編『消費者法判例百選〔第2版〕』（2020年）20頁。

者に不法行為責任、勧誘者の勤務先に使用者責任を認め、財産的損害として購入代金全額の損害賠償と人格的利益侵害もあるとして慰謝料請求等を認めた。

一方、④名古屋高判平21・2・19判時2047号122頁は、無差別電話勧誘を受けた男性が、女性販売員から受けたデート商法的勧誘により締結した宝石売買契約の事件であった。判決は「……控訴人の軽率、窮迫、無知等につけ込んで契約させ、女性販売員との交際が実現するような錯覚を抱かせ、契約の存続を図るという著しく不公正な方法による取引」であり、売買契約を公序良俗に反して無効と判示した。[8]

さらに、最近問題となった事例として、30歳代から40歳代の独身男性がターゲットとなった一連のデート商法事件とその裁判例（⑤⑥⑦）を紹介する。この事件は、被害者らが結婚相手紹介サイトで知り合った女性から実態に乏しい複数の法人への投資を勧誘され、相手女性の求めるままに社債等を購入していたが、やがて利払い等が停止されたというものであった。そこで、被害者らは、勧誘した女性（当該出資法人の取締役等でもあった）、出資した法人やその取締役、当該法人グループの統括者に対して不法行為責任ないし共同不法行為責任に基づいて出資金相当額の損害賠償請求等をした。

⑤東京高判平28・4・20消費者法ニュース108号342頁（原審東京地判平27・7・29先物取引裁判例集75巻351頁）は、女性らの投資勧誘を違法なデート商法と評価して、勧誘者、当該法人およびその取締役、当該法人グループの統括者に共同不法行為責任を認めた。本件は、当該グループの統括者が自分は苦情処理等を担当するのみで本件デート商法には直接関与していないと主張して控訴したものであったが、判決は、彼もまた本件デート商法の違法性を認識しながら加担していたとして共同不法行為責任を認めた。⑥東京地判平

---

(8) 本判決はこのように売買契約を公序良俗違反につき無効としたうえで、個品割賦購入あっせんにつき、当該売買契約が無効になった場合には当該立替払契約もまた目的喪失につき失効したとして、既払金返還請求を認めたことでも注目された判決である。本判決の評釈として中田・後掲注⑳がある。しかし、上告審（最判平23・10・25民集65巻7号3114頁）は当該デート商法における売買契約の公序良俗違反による無効を否定しなかったものの、当該立替払契約の無効は認めず既払金返還請求は認められなかった。本件上告審の評釈として中田・後掲注⑿参照。

29・12・25 LEX/DB 文献番号25551378では、被害者らは、出資金または社債購入金相当額のほかに、恋愛感情ないし結婚への期待に乗じて投資をさせるという極めて卑劣な勧誘により生じた精神的苦痛に対する慰謝料についても主張したが、判決は、出資金等相当額の損害賠償を受けることで精神的苦痛は慰謝されるとし、慰謝料請求までは認められなかった。⑦東京地判平30・5・30 LEX/DB 文献番号25555624も勧誘行為が本件グループの組織的違法勧誘行為であることを認め、勧誘者自身の不法行為責任だけでなく、実際の勧誘行為はしてはいないが、本件グループの統括者にも共同不法行為責任を認めた。しかし、判決は、デート商法的勧誘であったことは認めるが、その勧誘手法に違法性を認めたものではなかった。すなわち本件が、事業実態のない社債への投資勧誘であったことや、投資リスクの説明義務違反があったことについて、勧誘者らの違法性を認めた。[(9)]

(B)　投資用マンション事例（勧誘者≠販売者型）

　最近のデート商法でとりわけ問題になっていたのが、投資用マンション販売事例である。婚活サイト等を通じて知り合った相手に勧誘されて、不動産販売会社から投資用マンションを購入させられるというものであった。被害者は、マンション等の購入代金の調達のために金融機関と金銭消費貸借契約を締結することから、宝飾品等を購入する従来型のデート商法よりも相当な経済的負担を被るうえに、購入したマンションの購入金額は相場より極めて高く設定されており、当該物件を処分してもローンの支払いだけが残ってしまうことがある。[(10)]

　さて、この事例の特徴は、勧誘者と投資用マンション販売業者が別事業者ということである。勧誘者はマンション販売会社から顧客開拓を委託された

---

(9)　一連の事件のその他の裁判例として東京地判平28・6・21 LEX/DB 文献番号25534203および東京地判平28・6・28 LEX/DB 文献番号25536740があるが、どちらも、デート商法的勧誘よりもむしろ当該社債の信用リスク等について何ら説明せずに勧誘行為を行ったという説明義務違反に違法性を認める。

(10)　デート商法による投資マンション販売事例の被害等については、以下を参照。独立行政法人国民生活センターの報告「婚活サイトなどで知り合った相手から勧誘される投資用マンション販売に注意!!　ハンコを押す相手はシンジラレマスカ」（2014年1月23日公表）〈http://www.kokusen.go.jp/pdf/n-2014123_2.pdf〉（2020年2月19日最終確認）、大塚陵「投資用マンション被害—デート商法—」現消34号（2017年）132頁。

投資コンサルタント会社の従業員等であることが多い。したがって、販売業者は、デート商法的な不当勧誘とは無関係で、顧客に目的物を販売したにすぎないという立場をとる。しかし、デート商法的勧誘が問題となる投資用マンション販売事例に登場する勧誘会社や販売業者、被害者に融資する金融機関は数社に限られており、特定の事業者同士が提携して投資用マンションを販売する組織的商法が展開されているという実態があった。[11]

　⑧東京地判平26・4・1 LEX/DB 文献番号25519108の被害者は、婚活サイトで知り合った相手から勧誘を受けて、当該マンション販売会社からマンションを購入したという事件である。判決は、勧誘者の勧誘行為の違法性を理由に不法行為責任を認め、さらに勧誘者が勤務先（投資コンサルタント会社）の業務統括の地位にあることから、勤務先の組織的関与を認めて、勧誘者との共同不法行為責任を肯定した。しかし、被害者の財産的損害は売買価格とマンションの実際の評価額の差額しか認定されなかった。また、本件では精神的損害はなかったとされて慰謝料請求は認められなかった。

　⑨東京地判平28・3・1 LEX/DB 文献番号25533705の被害者は、デート商法的勧誘をした勧誘者の不法行為責任およびその勤務先の使用者責任、さらには、販売した不動産業者に対しても共同不法行為責任を主張し損害賠償を請求した。また契約自体も公序良俗違反につき無効であるとして、販売業者に対しては購入代金の不当利得返還請求をも主張した。判決は、勧誘者のデート商法的勧誘ではなく、被害者の契約締結に関する判断を誤らせるような情報提供（間違った収支見込みや投資価値など）をしたという点に違法性を認め、勧誘者の不法行為責任および勧誘者の勤務先にも使用者責任を認めた。しかし、売主である不動産会社の不法行為責任は認められず、公序良俗違反による無効も否定された。損害額も代金相当額から実際の当該マンション評価額を控除したものと弁護士費用のみ認められたが、これらの金銭賠償により精神的損害も慰謝されたとして、裁判例⑧と同様、別途の慰謝料請求まで

は認められなかった。

これに対して勧誘者に対する慰謝料請求を認めたのが⑩東京地判平26・10・30金商1459号52頁である。勧誘者の勧誘行為は、信義誠実の原則に著しく違反するものとして慰謝料請求権の発生を肯認しうる違法行為であると認定した。しかし、被害者が本件マンションの所有権を保持しながら相応の和解金を取得していることや、本件マンションの売買代金の支払いを一部免れていること等から、原告の精神的損害に対する慰謝料はわずかに20万円とするのが相当であるとした。また、本件売買契約の公序良俗違反性も争われたが、判決は本件売買契約を公序良俗に反して無効とは認めなかった。

⑪東京地判平28・3・29消費者法ニュース109号286頁も勧誘者の慰謝料請求を認めた。当該売買契約を「投資を目的とするものであるところ、……投資適格の観点から合理性の高いものであったということはできない」とし、さらに当該勧誘行為は「言葉巧みに原告の被告に対する恋愛感情並びに信頼感を醸成させたうえでこれをことさら利用し、原告の意図に合致するものではない本件購入契約に原告を至らせるものであったというべきであるから、社会的相当性を欠く違法なもの」として慰謝料請求権の発生を認めた。

(3) 被害者救済方法

(A) 不法行為責任（民709条以下）

裁判例を概観すると、デート商法の勧誘者に不法行為責任を認めることに異論はなさそうである。それだけではなく、裁判例の中には勧誘者本人の不法行為責任だけではなく、販売業者たる勧誘者の勤務先にも、使用者責任ないし共同不法行為が認められている。ただし、投資用マンション事例の場合には勧誘者と販売業者が別の事業者であることから、勧誘者および勧誘者の勤務する投資コンサルタント会社に不法行為責任等を認めながらも、当該投資マンションの販売業者は免責されている（裁判例⑨）。

当該売買目的物の購入額が実際の評価額より不当に高額である場合も多く、このことも不法行為と判断される要素の1つとなっているが、デート商法的

⑿ 中田邦博「判批」河上正二＝沖野眞己編『消費者法判例百選〔第2版〕』（2020年）94頁。

な勧誘の手口のみを理由に、不法行為と認める事例も少なくない（裁判例①②③⑤⑥⑩⑪）。

　一方で、裁判例⑦や⑨では、相手方に勧誘者への信頼を惹起させたうえで行われた情報提供義務違反や説明義務違反に勧誘行為の違法性を認めている。つまり、デート商法的勧誘行為そのものではなく、不適切な情報（誤情報など）を提供した点に不法行為責任を認める。しかし、このような判決は妥当ではないと考える。なぜなら、デート商法の違法性とは、勧誘に際する不適切な情報提供よりも、むしろ被害者の恋愛感情や信頼に乗じて当該勧誘を断ることができない状況に追い込んだうえで、これにつけ込んで契約締結に持ち込むところにあるのではと考えるからである。[13]

⑧　公序良俗違反（民90条）

　さて、裁判例を概観してもわかるようにデート商法の公序良俗違反性が問題とされた事例は意外と少ない。

　本稿執筆段階において、デート商法による売買契約を公序良俗により無効と判断したのは裁判例④のみである。しかし、裁判例④は、デート商法的勧誘だけではなく、被害者が長時間その身柄を拘束されながら、勧誘者ら複数人に囲まれて威圧的に購入を迫られたため購入手続をしてしまい、しかも時価よりも高額取引だったということから、意思表示の効力を否定（無効・取消し）しやすい事案であったともいえる。[14]つまり、退去妨害による消費者の困惑や対価的不均衡な取引であったということ、および契約解除への精神的妨害が公序良俗違反の判断要素として用いられており、必ずしもデート商法的な勧誘手法そのものを公序良俗違反としているわけではなかったということもできる。

　また、裁判例⑩の被害者も売買契約の公序良俗違反による無効を主張していたが、判決は、本件被害者は当該契約内容を十分理解して契約したとの判断のもと、公序良俗性を認めなかった。しかし、当該契約内容の理解度が公序良俗違反に影響するとの判断は、近年の公序良俗違反の傾向に沿ったもの

[13]　同様の指摘をするものとして、辰巳裕規「判批」消費者情報478号（2017年）29頁、大塚・前掲注⑩13頁。
[14]　得津晶「判批」北法61巻2号（2010年）132頁。

とはいえず、裁判例⑩の判断は妥当ではなかったと考える⁽¹⁶⁾。

　そもそも民法90条は、これまで消費者契約の公正性確保に大きな役割を果たしてきており、消費者にとって著しく不利益な契約から消費者を解放するための法的根拠として適用されてきた⁽¹⁷⁾。また、近時の判例では、いわゆる暴利行為論の「相手方の窮迫、軽率、無経験に乗じて」という要件を緩和して、状況や地位の利用といえるものに置き換えられており、そのうえでこれと、「不当な利益を博する行為」という要件を、総合的に考えて民法90条の適用が導かれているともいわれている⁽¹⁸⁾。

　そうであれば、デート商法は、交際や結婚を望む相手方の期待感につけ込み、勧誘された契約の締結に抗うことのできない人間関係を構築したうえで、これを濫用した極めて悪質な勧誘方法であることから、公序良俗違反の一類型として位置づけるべき悪質商法ということができよう⁽¹⁹⁾。

　学説は、Ⓐデート商法の公序良俗違反性を認める説（以下、「Ⓐ説」という）と、Ⓑデート商法への公序良俗違反性を留保する説（以下、「Ⓑ説」という）がある。Ⓐ説は、デート商法の違法性を公序良俗違反の一類型である「暴利行為」の延長線上において判断できるとするものや⁽²⁰⁾、契約締結に至る勧誘行為の不当性を重視して、デート商法を「不公正取引方法型の暴利行為」と考える場合もある⁽²¹⁾。一方、Ⓑ説は、デート商法よりも「反社会性の強い」事案（ネズミ講、モニター商法、次次販売）もある中で、デート商法をそれらと同列に扱うべきか疑問であるとする⁽²²⁾。また、デート商法により消費者の自己決定権ないし私法秩序が侵害されているとしても、すべてのデート商

(15)　村上裕「判批」金沢58巻2号（2016年）103頁（脚注8）。
(16)　栗原由紀子「判批」青森法政論叢18号（2017年）35頁。
(17)　中田邦博＝鹿野菜穂子編『基本講義　消費者契約法〔第4版〕』（日本評論社、2020年）31頁〔鹿野菜穂子〕。
(18)　長尾治助ほか編『レクチャー消費者法〔第5版〕』（法律文化社、2013年）78頁〔鹿野菜穂子〕。
(19)　勧誘方法等の契約締結過程における規制の問題は、錯誤、詐欺といった締結過程の規制法理で処理するべきであるという見解もある。平野裕之「消費者取引と公序良俗」椿寿夫＝伊藤進編『公序良俗違反の研究』（日本評論社、1995年）320頁。
(20)　中田邦博「判批」廣瀬久和＝河上正二編『消費者法判例百選』（2010年）85頁。
(21)　鹿野菜穂子「判批」金商1336号（2010年）159頁。
(22)　角田美穂子「判批」民商147巻6号（2013年）535頁。

法が直ちに公序良俗違反となるわけではないという見解もある[23]。

(4)　小　括

　以上、デート商法における被害者救済について、裁判例を通じて検討してみた。裁判例では、デート商法的勧誘による精神的損害に対する慰謝料を認めるか、あるいは購入額相当金額を財産的損害と認めることで、実質的な救済を図っている。しかし、不法行為に基づく損害賠償請求を認める基準や根拠は明確ではなく、裁判例の判断も一律ではないため、被害者救済としては不十分である。

　デート商法による被害者救済方法としては、被害者を当該契約の拘束力から解放するのが最も適切な救済方法であろう[24]。しかし、公序良俗違反の判断基準は抽象的で明確ではないため、デート商法により締結された契約を無効として被害者を救済するのは、現行法上、難しい。

　このように、民法709条以下（不法行為に基づく損害賠償請求）ないし民法90条（公序良俗違反による無効）の、抽象的かつ不明瞭性、換言すれば、いかなる場合に意思表示が無効ないし損害賠償請求が認められるか明らかではないという事情に鑑みて、2018年改正（平成30年）消費者契約法は、デート商法のごとき人間関係につけ込んだ不当勧誘を新たな困惑類型として、契約取消権を認めたのである[25][26]。

---

(23)　尾島茂樹「判批」判時2066号（判評614号。2010年）174頁。

(24)　同様の指摘をするものとして、若色敦子「『デート商法』の法的評価」熊本ロー14号（2018年）31頁。

(25)　消費者庁編・前掲注(3)168頁。

(26)　河上正二「改正消費者契約法の課題」現消41号（2018年）36頁も、「本来なら、このような行為は民法上の『暴利行為』になってもおかしくない。それを、いちいち暴利行為であるという主張・立証をするまでもなく消費者に取消権を与えて契約から離脱を選択できるようにしておこうというにすぎない」と解説する。

3　2018年（平成30年）改正消費者契約法4条3項4号

(1)　概　要

　消費者契約法は、消費者と事業者との間の情報量や交渉力の格差を是正し、消費者の利益を擁護するための包括的民事ルールとして、2000年（平成12年）に制定された法律であった。その後、2016年（平成28年）には、近年の消費者を取り巻く社会経済情勢の変化等による消費者被害に対応すべく、過量販売契約の取消権導入等の改正が行われた。この2016年（平成28年）改正法において積み残された課題に対応すべく成立したのが、2018年（平成30年）改正法である。2018年改正法に新設された消費者契約法4条3項4号は、同法におけるいわゆる「困惑類型」の1つであり、「つけ込み型」「状況の濫用」「合理的な判断を行うことができない事情を利用した契約締結」の場合に取消権を認めるもので、以下のような内容である。

消費者契約法4条

3　消費者は、事業者が消費者契約の締結について勧誘をするに際し、当該消費者に対して次に掲げる行為をしたことにより困惑し、それによって当該消費者契約の申込み又はその承諾の意思表示をしたときは、これを取り消すことができる。

　（略）

四　当該消費者が、社会生活上の経験が乏しいことから、当該消費者契約の

---

(27)　2016年改正については、羽田さゆり「2016年消費者契約法改正と消費者契約の効力」消費者市民ネットとうほく編『先端消費者法問題研究（第1巻）』（民事法研究会、2018年）211頁以下参照。

(28)　今般の消費者契約法の改正経緯等については、消費者庁編・前掲注(3)74頁以下参照。また法案提出から国会審議経過等については、清水明歩「消費者契約法の一部を改正する法律案——委員会における議論から明らかとなった残された課題」RESEARCH BUREAU 論究15号（2018年）321頁以下、宮下修一「誌上法学講座　新時代の消費者契約法を学ぶ第7回契約取消権（4条）」ウェブ版国民生活69号（2018年）36頁以下、同「誌上法学講座　新時代の消費者契約法を学ぶ第10回改正消費者契約法の成立」同72号（2018年）38頁以下参照。

> 締結について勧誘を行う者に対して恋愛感情その他の好意の感情を抱き、
> かつ、当該勧誘を行う者も当該消費者に対して同様の感情を抱いているも
> のと誤信していることを知りながら、これに乗じ、当該消費者契約を締結
> しなければ当該勧誘を行う者との関係が破綻することになる旨を告げるこ
> と。

本号規定の要件は、以下のように整理できる。

①　消費者が社会生活上の経験が乏しいこと。

②　消費者が勧誘を行う者に対して、恋愛感情その他の好意の感情を抱く
こと。

③　消費者が勧誘者も同様の感情を抱いていると「誤信」すること。

④　事業者は③のような片面的関係を知っていること。

⑤　事業者が契約締結しなければ、当該人間関係が破綻することを告げる
こと。

本号の適用により、デート商法的勧誘による意思表示等を取り消すことが
できる。つまり、デート商法の被害者を当該契約から解放することができる。
しかし、本号の文言には、一見して意味するところが不明な点も多く、適用
範囲も極めて限定的に思われる。はたして、本号の適用により、前記裁判例
で紹介したようなさまざまな「デート商法」的勧誘による被害者を当該契約
から解放することができるのだろうか。そこで、以下、本号文言の意味内容
の検討を試みる。

(2)　要件の検討

(A)　「社会生活上の経験が乏しいこと」

「社会生活上の経験」とは、社会生活上の出来事を、実際に見たり、聞い
たり、行ったりすることで積み重ねられる経験全般のことであり、社会生活
上の経験が「乏しい」とは、社会生活上の経験の積み重ねが消費者契約を締
結するか否かの判断を適切に行うために必要な程度に至っていない状況のこ
とであり、これは、年齢によっては定まらないとされる。消費者が若年者の[29]

---

(29)　消費者庁編・前掲注(3)162頁。

場合には、一般的に本要件を満たすと考えられているが、中高年や、高齢者の場合にもこのように評価すべき者は、本要件に該当しうるとされる[30]。

　本要件は、2017年（平成29年）に公表された内閣府消費者委員会専門調査会報告書[31]およびこれを受けての消費者委員会答申においても盛り込まれておらず[32]、内閣から国会に提出された法律案に初めて追加されていた文言であった。このような文言を追加した経緯が明らかではなかったこと[33]と、この文言をそのまま読むと「若年者」のみが対象と受け取られることから、衆議院および参議院の特別委員会では、その是非ないし必要性、および文言の解釈や適用範囲をどのように考えるのかについて質疑が繰り返された。しかし、この文言は、削除されることなく改正法は成立した。

　したがって、今後は社会生活上の経験の積み重ねにおいて、若年者と同様

---

(30)　この点につき、山本健司ほか「実務のための改正消費者契約法の考え方(3)——平成28年・30年改正の積極的活用に向けて」NBL1145号（2019年）25頁では、中高年であってもそれまでの社会生活上の経験の積み重ねがないと認められる場合には当該消費者契約を締結するか否かの判断を適切に行うために必要な程度に至っていなければ、本要件を満たすという。

(31)　本委員会は、2014年、内閣総理大臣から消費者委員会に対し、消費者契約法について「施行後の消費者契約に係る苦情相談の処理例及び裁判例等の情報の蓄積を踏まえ、情報通信技術の発達や高齢化の進展を始めとした社会経済状況の変化への対応等の観点から、契約締結過程及び契約条項の内容に係る規律等の在り方」の検討を行うように諮問されたことを受けて設置されていた。

(32)　「2017年消費者委員会専門委員会報告書」の提案のうち本稿にかかわる提案は、消費者契約法4条3項に、①合理的な判断をすることができない事情を利用して契約を締結させる類型（不安を煽る告知、勧誘目的で新たに構築した関係の濫用）と、②心理的負担を抱かせる言動等による困惑類型（消費者が意思表示をする前に、事業者が履行に相当する行為を実施し、契約を強引に求めること、契約締結の意思表示をしないことによって損失が生じることを正当な理由がないのに強調して告げること）を追加するといったものであった。

　消費者委員会「答申書（府消委第196号）」は、この専門調査会からの報告を受けて、さらに、「合理的な判断をすることができない事情を利用して契約を締結させるいわゆる『つけ込み型』勧誘の類型につき、特に、高齢者、若年成人、障害者等の知識・経験・判断力不足を不当に利用し過大な不利益をもたらす契約の勧誘が行われた場合における消費者の取消権について、早急に検討し明らかにすべき（付言2）ことを喫緊の課題として付言した。

(33)　山本敬三ほか「座談会『消費者契約法の改正と課題』」ジュリ1527号（2018年）31頁〔河上正二発言〕において、法務省「民法の成年年齢の引下げについての最終報告書」（2009年7月9日）に「若年者の社会的経験の乏しさによる判断力の不足に乗じて取引が行われた場合には、契約を取り消すことができるようにする」との文言（同報告書16頁）があり、これが影響したのではないかとの指摘なされている。

に評価すべきか否かは、当該消費者の就労経験や他者との交友関係、さらに、当該契約の目的となるもの、勧誘態様などの事情を総合的に考慮し、個別具体的な検討が必要であることから、最終的には司法の場で取消権の有無が判断されることになる。⁽³⁵⁾

とりわけ本号の「社会生活上の経験が乏しい」というためには、勧誘者が、当該消費者との関係性を濫用して、消費者に不必要な契約を締結させたという状況があれば、本要件を満たすと考えてよいだろう。⁽³⁶⁾そのような消費者は、若年者であれ、中高年や高齢者であれ、当該消費者契約締結の是非を判断しうるに必要な程度に「社会生活上の経験」が至っていなかったと、事実上推認されるからである。⁽³⁷⁾

つまり、デート商法の被害者は、デート商法的勧誘による契約を「締結した」という事実でもって、当該契約締結の是非を判断するための「社会生活上の経験が乏しかった」といえるので、年齢を問わず、本要件にあてはめることができる可能性がある。⁽³⁸⁾

Ⓑ 「勧誘を行う者に対して、恋愛感情その他の好意の感情を抱き」とは

「勧誘を行う者」とは、消費者を勧誘する者であり、当該事業者の知っている者である必要もなく、事業者から対価を得ている必要もないとされる。⁽³⁹⁾いわゆる投資用マンション事例で登場した、販売業者と直接の雇用関係のない勧誘者等も、本号の「勧誘を行う者」といえる。

---

(34) 消費者庁編・前掲注(3)が「若年者と同様に評価すべき者」という法文にない要件を用いているという問題点を指摘するものとして、山本ほか・前掲注(30)25頁。
(35) 消費者庁編・前掲注(3)162頁。
(36) 伊吹健人＝森貞涼介「つけ込み型勧誘取消権の新類型の活用法——不安をあおる告知、恋愛感情等の感情に乗じた勧誘」現消41号（2018年）16頁では、「社会生活上の経験が乏しいことから」という要件は、独立した要件ではなく消費者が「好意の感情」を抱き、勧誘者も同様の感情を言い抱いていると誤信したことを判断する一要素と位置づけられると解釈する。
(37) 日本弁護士連合会消費者問題対策委員会編『コンメンタール消費者契約法〔第２版増補版〕補巻——2016年・2018年改正』（商事法務、2019年）101頁、および山本ほか・前掲注(30)28頁も同様の見解を示す。
(38) そもそも、立案過程で本号の典型例とされていた婚活サイトを利用した投資用マンション販売のデート商法の被害者は30歳代から40歳代の中高年が中心であった。
(39) 消費者庁編・前掲注(3)169頁。

「恋愛感情その他の好意の感情」とは、他人を恋愛の対象とする感情に限定されないが、「恋愛感情」と同程度の特別な好意であることが必要とされ、単なる友情といった感情は含まれない[40]。しかし、本号の趣旨に鑑みれば、特別な感情である必要はなく、要は「合理的な判断ができない心理状況」に陥るような「好意の感情」との解釈で足りるであろう。

　また、「好意の感情」が、事業者や勧誘者が作出させたものかどうかも問わずに適用対象となる[42]。

© 「消費者が好意の感情を抱くだけでなく、勧誘者も同様の感情を抱いていると『誤信』すること」

　本号は、消費者が一方的に勧誘者に好意を抱いているだけでは足りず、勧誘者も消費者に好意を抱いていると思う、つまり、消費者側が「両思い」であると「誤信」している必要がある[43]。それゆえ、消費者が、勧誘者側の恋愛感情等の有無について不明の場合は本号に該当しないことになる[44]。

　デート商法においては、勧誘者が今後の交際の進展に言及するなど、思わせぶりな言動があり、消費者が勧誘者との今後の交際進展を期待したという状況であれば本要件を満たすと考えられている[45]。

Ⓓ 「事業者が知りながら」

　「知りながら」とは、消費者の「好意の感情」と両思いであるという「誤信」を、事業者が認識していることを意味する。このような事情が、本号の要件となるのは、事業者が、消費者の「好意の感情」と「誤信」を知りながら、当該消費者と契約を締結することが「不当な行為」と考えられているか

[40]　消費者庁編・前掲注(3)169頁は、具体的には「親子感情」や「先輩・後輩の間の感情」を本号の「好意の感情」として紹介している。
[41]　日弁連編・前掲注(37)103頁（脚注99）。同様の指摘をするものとして、山本ほか・前掲注(30)28頁。
[42]　従前から存在した関係を利用したとしても本号適用は妨げない。消費者庁編・前掲注(3)172頁。または山本ほか・前掲注(30)28頁。
[43]　河上正二「改正消費者契約法の課題と適切な運用に向けて」消費者法研究6号（2019年）141頁では、「両想い」と誤信した場合に限定することを批判し、さらに、そもそも恋愛感情という表現が必要であったかということも疑問視する。
[44]　消費者庁編・前掲注(3)170頁。
[45]　日弁連編・前掲注(37)104頁。この点、事実の立証方法としてメールやLINE、日記やFacebookの内容等から勧誘者の言動内容を示したり、実際に会って、一緒に食事をした事実を示すことが提案されている。

らである。

　ここでは、本号の適用に際して、事業者がこのような事情を知っていた、あるいは知らなかったという事情の立証責任が問題となる。一般に、消費者が立証責任を負うべきであるとされるが、デート商法では、勧誘者が消費者の「誤信」を作出・誘導しているので、立証するまでもなく当然に事業者の認識を認めてもよいとされる。[46]

(E)　「これに乗じ、契約締結しなければ、当該人間関係が破綻することを告げる」こと

　「これに乗じ」という要件が規定されることにより、消費者が「両思いである」と誤信している状況に、事業者が「つけ込む」という主観的意図がより明確になる。[47]

　また、「関係が破綻することを告げる」行為が要件とされるのは、「破綻を告げる」行為が消費者の自由な意思形成を妨げて、契約締結を強いる可能性が高いからである。[48]

　そして、勧誘者の「告げる」行為は、「消費者が実際にそれによって認識し得る態様」ならば、口頭ないし書面はもちろん、黙示的な方法でもよい。しかし、一般的に、デート商法において、勧誘者が「契約しなければこの関係は終わる」などと直接的な表現をすることはほとんどないだろう。本要件をそのまま適用した場合、適用範囲が限定的になってしまうおそれがある。これについては、消費者が契約締結を躊躇する際の、勧誘者のつれない素振りや、暗い表情をしたり、「買ってくれると嬉しい」など、勧誘者の好意の感情と消費者契約を結び付ける発言もまた、本号要件を満たすという見解もある。[49]

(3)　本号の問題点

　以上、本号の内容を概観してみたところ、本号をデート商法の被害者救済

(46)　日弁連編・前掲注(37)105頁。
(47)　消費者庁編・前掲注(3)172頁。
(48)　消費者庁編・前掲注(3)172頁。
(49)　日弁連編・前掲注(37)108頁。

に適用するにあたり、以下のような問題のあることがわかった。

　第一に、国会審議の段階からすでに多くの疑問が寄せられている「社会生活上の経験が乏しいこと」という要件である。本要件の必要性について、国会審議では、「本要件を置かなければ、本来想定されていない場合にまで消費者から取り消しが主張されて、正当な事業活動に支障をきたすおそれがある」ということと、「取消権の適用される範囲について、すでに規定されている不退去や監禁と同様に、消費者に類型的に困惑をもたらす不当性の高い事業者の行為を特定して明確化するため」との答弁があった。しかし、デート商法のように、他人の感情を利用しつつ人間関係を濫用する事業活動に、「正当な事業活動」などあり得ない。被害者に社会生活上の経験があろうとなかろうと、他人の感情を利用する勧誘者の不当性が非難されるべきで、被害者の属性は問題とされるべきではない。したがって、本号において「社会生活上の経験の乏しい」を要件にする必要はなかったと考える。

　第二に、「消費者が……勧誘者も同様の感情を抱いていると誤信すること」と「……関係が破綻することを告げること」という要件は、非現実的である。デート商法の被害者の多くは、両思いであると誤信して契約するのではなく、勧誘者の気持ちを引くため、勧誘者に喜んでもらうために契約するものである。また、勧誘者のほうから「契約しなければ関係が破綻する」と告げるといった事例は、相談現場ではほとんどないとのことであった。むしろ、被害

⑸0　第196回国会衆議院消費者問題に関する特別委員会議事録 6 号（2018年 5 月17日）10頁〔川口政府参考人答弁〕。
⑸1　第196回国会衆議院消費者問題に関する特別委員会議事録 6 号（2018年 5 月17日）13頁〔福井国務大臣答弁〕。
⑸2　河上・前掲注⒀143頁でも、「人間関係の濫用にまで社会生活上の経験不足を問う必要があるのか」との疑問を呈され、早期改正・本要件の削除を望まれる。
⑸3　丸山絵美子「消費者契約法の改正と消費者取消権」ジュリ1527号（2019年）61頁も「好意感情に乗じた勧誘による困惑に社会生活上の経験を問う必要はなく、加重」という。また、鹿野菜穂子「消費者契約法における契約締結過程の規律──2016年・2018年改正の意義と課題」消費者法研究 6 号（2018年）170頁も、「恋愛感情を悪用する不当勧誘において、消費者の社会生活上の経験の乏しさが要件とされるのは疑問」とされる。
⑸4　消費者庁第 2 回消費者契約に関する検討会（2020年 1 月27日）資料 2〈https://www.caa.go.jp/policies/policy/consumer_system/meeting_materials/assets/consumer_system_cms202_200127_01.pdf〉（2020年 3 月10日最終確認）。

者のほうが、相手を「忖度」して、相手の「言いなり」になっているように
もみえる(55)。このような状況を「黙示的」な「関係の破綻を告げる行為」と評
価できるのかは疑問である。

4　おわりに

　消費者契約法4条3項4号は、デート商法的不当勧誘による契約は取り消
しうると明言している。それゆえ、本号は、デート商法被害に対する予防的
機能と、主に若年者を対象とした従来型のデート商法の被害者救済（契約の
拘束力からの解放）には、資するものがあるだろう。また、近年問題となっ
ている投資用マンション事例のように勧誘者と販売事業者が別事業者の場合
も、本号を適用して当該消費者契約を取り消すことが可能である(56)。それだけ
でも、本号の新設は、これまでのデート商法被害救済にとって大きな成果で
あろう。

　しかし、本号の文言は個別具体的であるがゆえに、適用場面を限定し、救
済されるべき事例が救済されない危険がある(57)。たとえば、最近問題となって
いる中高年を対象としたデート商法に、本号が適用できるかどうかは、現段
階では未知数である。何をもって「社会生活上の経験が乏しい」と評価すれ

---

(55)　消費者庁第3回消費者契約に関する検討会（2020年2月10日）資料2によれば、
「相談として入るいわゆる『デート商法』では、『関係が破綻する』と告げられないよ
うにするために、（告げられる前に）契約を締結している」ということもあるようで
ある〈https://www.caa.go.jp/policies/policy/consumer_system/meeting_materi-
als/assets/consumer_system_cms202_200207_03.pdf〉（2020年3月10日最終確認）。

(56)　ただし、マンション販売契約が解消されても金融機関との関係で購入資金のための
融資契約を解消するのは現行法上も難しい問題である。これが問題になった東京高判
平27・5・26判時2280号69頁（裁判例⑩の控訴審）は金融機関の責任等は認められず
融資契約は維持された。最判平23・10・25民集65巻7号3114頁（裁判例④の上告審）
も当該デート商法における売買契約の無効性を否定しなかったものの売買契約にかか
わる個別クレジットの立替払契約の無効は認められなかった。しかし、2008年割賦販
売法改正により、特定商取引法上の5つの特定商取引にかかわる個別信用購入あっせ
んについてはクーリング・オフないし取消権が可能となっている（割販35条の3の
12・35条の3の13）ので、この限りで救済の余地はある。

(57)　東京弁護士会消費者問題特別委員会編『消費者相談マニュアル〔第4版〕』（商事法
務、2019年）265頁も、すべてのデート商法が同号の取消権の対象になるわけではな
いと述べている。

ばよいのか、不明瞭だからである。そもそも、社会生活上の経験等や恋愛等の経験を積むことによって、デート商法等に「騙されない」ものでもあるまい。恋愛感情といった、ある種、本能的なものがかかわる行為は、経験や教育によって成熟するとは思えない。「社会生活上の経験が乏しい」といった要件により、若年者救済が明確になるとはいえ、この要件は、前記（3(3)）で検討したように、不必要な要件であった。

　また本号は、消費者が一方的に好意を寄せているだけの事例（「両想い」という誤信はしていない）や、関係の破綻を明示的にも黙示的にも提示していない場合には、適用対象から外れる可能性もある。本号が想定する不当勧誘は、相手に対する依存的心理につけ込んだ点が問題であると考えれば[58]、本号のような、適用事例を絞り込んだ厳格な要件は疑問である。裁判実務や相談実務の蓄積による、今後の要件の意味内容の明確化へ期待するものである。

　また、こうした過剰なまでの具体的な文言は、本号だけではなく、2018年改正消費者契約法で4条3項に新設された3号から8号に共通する問題であり、いずれも救済すべき事例が取りこぼされる危険がある[59]。したがって、現行法には「つけ込み型」、「状況の濫用型」といった事例に対応する包括的な一般条項の創設が早急に必要であろう[60]。

---

(58)　河上・前掲注(43)142頁
(59)　丸山・前掲注(53)62頁
(60)　この件については、2018年改正における衆議院・参議院両院の附帯決議においても早急な措置を講ずべきとの提言がなされていたことから、消費者庁は、2019年2月より「消費者契約法改正に向けた専門技術的側面の研究会」を設置し、同研究会の報告書が同年9月にとりまとめられた。この報告書では「つけ込み型」勧誘については、以下の3つの「考え方」が示されている。

【考え方Ⅰ】消費者の判断力に着目した規定
　①判断力の著しく低下した消費者が、②不当な内容の契約を締結した場合には、契約を取り消すことができる旨の規定を設けることが考えられる。
　②について、(ア)消費者の生計に著しい支障を生じさせる契約について消費者に取消権を付与することを原則としつつ、(イ)親族等の適当な第三者が、契約の締結に同席するなどの一定の関与をした場合には、これを考慮して取消しの可否が決まるような規律を設ける。
【考え方Ⅱ】「浅慮」、「幻惑」という心理状態に着目した規定
　「浅慮」については、検討時間を不当に制限し、当該時間内に契約を締結しなければ利益を得ることができない旨を告げる行為に係る規律を設ける。

　「幻惑」については、消費者が、結婚、健康、生計等に関する願望を実現する意欲を有していることを知りながら、その期待をあおり、当該願望が実現するか否かは明らかではないにもかかわらず、当該契約を締結すれば願望が実現する旨を告げたり断定する行為を不当勧誘行為として定める。

【考え方Ⅲ】困惑類型の包括的規定

　困惑類型（法第4条第3項）について、第1号から第8号まで類型化が図られたことを踏まえて、包括的・汎用性のある規定を設ける。

　各種業法における消費者保護規定等を参酌するような規定を設けつつ、消費者契約法の逐条解説等によって、その対象となる範囲を明示する。

　2019年12月からは、この研究会報告書を踏まえつつ実務的な観点からの検討を深化させるため、消費者庁において「消費者契約における検討会」が開催されており、消費者が合理的な判断をすることができない事情を不当に利用した勧誘（いわゆる「つけ込み型」勧誘）に関する取消権等の規律についての検討が行われているところである。

▶▶▶実務へのアプローチ▶▶▶

弁護士 山田いずみ

Q1 デート商法とはどのようなもので、デート商法被害に対する法的対応はどのようなものがあるか。

A

「デート商法」は、典型的には、異性に好意を抱かせ、その行為を利用して商品を販売する勧誘手法で、悪質商法としては古くからある勧誘手口である。デート商法は、恋愛感情や好意といった自然な感情を利用するものであるため、経済的な被害にとどまらず、精神的な被害も大きくなるという特徴がある。

法的対応としては、販売目的を隠して店舗等に連れていくような手口であれば「クーリング・オフ」が使えるし（特商9条）、勧誘の際に重要な事柄について事実と異なることを告げていたり（不実告知）、「必ず儲かる」などと断定的なことを告げていた場合（断定的判断の提供）などは、契約を取り消すことができる（消契4条）。

しかし、好意は利用しても販売目的であることを告げて店舗等に連れて行った場合やその後もしばらくデートを続けてクーリング・オフ期間を過ぎた場合にはクーリング・オフすることができない。また、事実と異なることや断定的判断を告げたとまではいえないなど、消費者契約法の要件を満たさないことも多い。

公序良俗違反などの一般条項で契約の無効を主張することもあり得るが、要件が明確ではないため、交渉の場では使いづらい。

このような状況の中、平成30年の消費者契約法改正で、以下の要件を満たした場合、「デート商法」による契約を消費者が取り消すことができることになった（消契4条3項4号）。

① 消費者が社会生活上の経験が乏しいこと
② 消費者が、勧誘者に対して恋愛感情その他の好意の感情を抱いたこと

③ 消費者が、勧誘者も消費者に対して同様の感情を抱いているものと誤
　　信したこと

④ 勧誘者が、消費者がそのような誤信をしていることを知りながら、こ
　　れに乗じ、契約を締結しなければ自分との関係が破綻することになると
　　告げること

⑤ 消費者が、勧誘者の関係が破綻すると言われたことに困惑して契約し
　　たこと

なお、「デート商法」というが、実際にデートをすることは要件ではない。
「出会い系サイト」などを利用して知り合い、SNS等のやりとりを通じて契
約をさせられた場合も、要件を満たせば消費者契約法による取消しは可能で
ある。

また、デート商法の勧誘者などに不法行為責任を追及することもできる。

Q2 　中高年向けの恋愛ビジネスを多く目にするようになった。ト
ラブルに巻き込まれた際には、若者ばかりでなく、中高年であ
ってもデート商法として取り消すことは可能か。

A

消費者契約法4条3項4号の「社会生活上の経験が乏しい」という要件は、
若年者が念頭にあるが、必ずしも年齢によって決まるものではない。

消費者庁の解説では「社会生活上の経験の積み重ねが消費者契約を締結す
るか否かの判断を適切に行うために必要な程度に至っていない状況」であり、
当該消費者の就労経験や他者との交友関係などの事情を総合的に考慮して判
断されるとされている。

そのため、中高年であっても社会生活上の経験に乏しいと判断される場合
はあり、逆に、若年者であっても、それまでの社会経験によってはこの要件
を満たさない場合もありうる。

Q3 「その他の好意の感情」とあるが、具体的にはどのような感情か。

A

　消費者庁の解説では、単なる友情は含まず、相当程度親密である必要があるとされている。

　恋愛感情と同じくらいの親密な感情である必要があり、たとえば、一人暮らしで友人もいない人に対して親友のような関係を装った場合や、独居高齢者に子や孫のように親身に対応する場合などが考えられる。

 Q4 消費者が、勧誘者も同様の感情を抱いているものと誤信していることが要件になっているということは、片思いの場合は取消しができないということか。

A

　消費者が、勧誘者が自分のことを何とも思っていないと理解していた片思いの場合には要件を満たさない。また、消費者の認識が、勧誘者が消費者に対して恋愛感情等を有しているかどうか不明な場合も要件を満たさない。

　しかし、消費者庁解説は、消費者が誤信する「同様の感情」について、「程度に多少の差があったとしても」よいとしているし、恋愛感情と友情でも、「双方の感情が密接であり対応する関係にあれば『同様の感情』に含まれる」としている。

　デート商法は、消費者が、自分に好意的感情を抱いていると思い込み、合理的判断ができずに契約をしてしまうものであるため、誤信していないということは少ないと思われる。

Q 5 「契約を締結しなければ自分との関係が破綻することになる」ということを、勧誘者は消費者に明言していなければ、取り消しができないのか。

A

「この契約をしないと関係が終わってしまう」とあからさまに言うと、消費者がデート商法であることを気づいてしまう可能性がある。

そのため、消費者が実際に認識しうる態様であればよいとされている。しぐさ、雰囲気、話の文脈、その場の状況などを考慮して判断することになると思われる。

4　墓地・納骨堂使用契約の解約トラブル〔補論〕

青森中央学院大学経営法学部教授　丸山愛博

本稿の概要

✓　改葬に伴う高額請求については、その費用の名目のいかんを問わず、法的には支払義務がない。

✓　納骨檀使用契約の法的性質を焼骨の収蔵を目的とする準委任契約類似の契約であるとする裁判例が現れた。墓埋法上の納骨堂の定義に合致した理解であり、このように解するのが適切な場合もある。しかし、本件では、建物賃貸借の性質を中心とする契約とみるべきであろう。

✓　ネットとうほくの申入れ事案から、墓地使用契約の目的を個別具体的に確定していく手法は、非承継墓の使用料返還の検討には有用であるが、承継墓の使用料返還の検討に際しては限界があることがわかる。

1　はじめに

　本稿は、拙稿「墓地・納骨堂使用契約の解約トラブル――使用料の返還を中心に――」現消44号（2019年）75頁（以下、「前稿」という）を次の3点において補うことを目的としている。すなわち、①改葬に伴う高額請求の検討、②納骨檀使用料の返還を肯定する裁判例の追加および③適格消費者団体による不返還条項に関する申入れの追加である。

　まず、前稿における問題意識を振り返ることから始めたい。墓地使用をめぐるトラブルは今に始まったものではないが、かつては、墓地使用権が代々承継されていくことを前提として、墓地使用権の永続性をいかに保護するかが問題とされており、その保護を確実なものにするために、学説においては

墓地使用権を強力な権利として構成するための努力が払われてきたといえる。ところが、現在では、国民生活センターに寄せられる相談に照らせば、墓をめぐるトラブルの中心が解約をめぐる場面に移ってきており、特に、墓地使用料の返還と改葬に伴う高額請求が問題となっていることがうかがえる。それゆえに、前稿では、解約をめぐるトラブルの代表例である墓地使用契約の解約と使用料返還について検討した。そこで、本稿では、まずは、前稿で検討できなかった改葬に伴う高額請求について検討したい。

　次に、前稿の脱稿後に、納骨檀使用料の返還を認める裁判例が新たに現れた。しかも、前稿において紹介した納骨檀使用料の返還を認めた裁判例と事案はほぼ類似しているにもかかわらず納骨檀使用契約の法的性質の理解が異なり、本判決は焼骨の収蔵を目的とする準委任の性質を中核とするとしている点が興味深い。このような法的性質に関する理解は、墓埋法2条6項における納骨堂の定義にも合致しており、適切なもののようにも思われる。そこで、前稿で紹介した裁判例とともにその内容を紹介して、いずれの法的性質の理解が適切であるかについて検討を加える。

　最後に、前稿を公表した後に、適格消費者団体であるネットとうほくが、霊園を運営する公益財団法人（以下、「本件霊園」という）に対して、墓地使用料を一切返還しない旨の条項の改善を申し入れて成果を得たので紹介をしたい。この事例を紹介するのは、新たな事例という意味もあるが、結果としては十分な成果を上げたものの、ネットとうほくと本件霊園の法的主張は平行線のままで、本件霊園が条項を改善する理由は、返還する法的義務は負わないものの、社会通念の変化がみられるからというものであった。そこで、この事例を紹介しつつ、両者の法的主張について若干の検討を加える。なお、筆者はネットとうほくの検討委員会のメンバーであるが、以下で示す見解はネットとうほくの公式な見解ではなく、あくまでも筆者個人の見解である。実際に、ネットとうほくと筆者とでは一部相違がみられる部分があることをあらかじめ断っておく。

2　改葬に伴う高額請求

　お墓の承継者がいない、お墓のことで子どもに迷惑をかけたくない、お墓が遠方にあり墓参りに行きづらい等の理由から、寺院等に所有するお墓を墓じまいし民営霊園等の永代供養墓、納骨堂等に「改葬」する人が非常に多くなっている。⁽¹⁾これに伴い、改葬の際に、寺院などから高額な費用を請求されたとの相談も寄せられるようになっている。⁽²⁾高額請求は、お布施としてだけでなく、離壇料、お清め、永代供養料などの名目で行われることもあるが、結論からいえば、名目のいかんにかかわらず、墓碑の撤去に係る費用を除いて、改葬することを理由とする費用については法律上の支払義務はない。

　まず、高額請求に至る背景を確認しておこう。手続上、市区町村等の自治体への改葬許可申請には改葬元の管理者による埋葬等の証明書の添付が必要であるところ（墓埋規2条2項1号）、⁽³⁾寺院にとって檀家の減少は死活問題であることから、上記証明書の発行と引換えに高額な費用の支払いを求めることで、離壇を思いとどまらせたいとの意図があるようである。そして、実際に、高額な請求を受けた場合の多くは、現状維持を選択している。⁽⁴⁾

　次に、マスコミで取り上げられることが多い離壇料を中心に、名目ごとに高額請求について検討していこう。

　お布施は法律上の義務ではないとするのが通説である。⁽⁵⁾お布施は、寺院の宗教活動に対する対価ではなく志であり、寄進・喜捨の行動で反対給付ではないからである。

　離壇料は、その定義もはっきりとはしないが、檀家をやめるときに寺院へお礼の趣旨で支払う金員のことというのが一般的であろう。⁽⁶⁾そのほかに、お

---

(1)　大塚博幸「墓じまいの実務と問題点」税経通信75巻3号（2020年）114頁。
(2)　国民生活センター「見守り新鮮情報」286号（2017年7月26日）。
(3)　なお、遺骨を墳墓や納骨堂に入れず、手元供養する場合は、改葬ではないので、市町村長の許可は必要ない。したがって、埋蔵証明書も不要である（横浜関内法律事務所編『寺院法務の実務と書式〔第2版〕』（民事法研究会、2020年）111頁〔本間久雄〕）。
(4)　大塚・前掲注(1)117頁。
(5)　板橋郁夫「判批」別冊ジュリ37号（『宗教判例百選』。1972年）51頁。

清めという墓地の原状回復費用の趣旨で、あるいは、損害賠償や違約金の趣旨で離壇料が請求されることも考えうる。墓地行政法規に関する業務を専門とする行政書士である大塚博幸によれば、半数近くの寺院が離壇料を請求しないが、中には、100万円を超える高額な離壇料を請求する寺院もあるとのことであり、100万円を超えた場合、高額離壇料として判断してよいという。⁽⁸⁾

　お礼の趣旨の離壇料は、本質的には、布施・寄進にあたるので、墓地使用契約に離壇料の規定がない場合、檀家から自発的な支払いがない限り、取り立てることはできず、支払義務がない離壇料を支払わなければ埋蔵証明書を発行しないという行為は、場合によっては、不法行為となって寺院が損害賠償責任を負うことになる旨が指摘されている。⁽⁹⁾お礼に対する反対給付がないことおよびお礼は他者によって強制されるべきものではないことからもこの理解は正当である。ただし、離壇料の定めがあっても支払義務はないと考えるべきであろう。前述のように、お布施はそもそも法律上の義務ではないので、規約で離壇料について定めても、お布施の本質をもつ離壇料が法律上の義務となることはないからである。

　お清めという原状回復費用の趣旨の離壇料については、お清めに関する次の記述がそのまま当てはまる。損害賠償や違約金の趣旨の離壇料についても、法律上の支払義務はないと考えられる。寺院の壇信徒は、寺院経費の負担義務を負うが、この義務は法律上の義務ではなく、宗教的慣行による義務である。⁽¹⁰⁾したがって、離壇によって寺院に経費相当額の損害が生じたということはできない。違約金も損害賠償の予定と推定される（民420条3項）ことから、同様のことが当てはまる。

　お清めに関しては、葬儀のように特定の壇信徒のためにする宗教行事の場合には、お布施ではなく報酬類似の性質を有すると解することが社会的常識に合うとの見解もあるが、⁽¹¹⁾通常の社会基準で納得が得られれば道義上の問題

---

(6)　国民生活センター・前掲注(2)。

(7)　長谷川正浩ほか編『葬儀・墓地のトラブル相談 Q&A』（民事法研究会、2014年）216頁・217頁〔鈴木富七郎〕。

(8)　大塚・前掲注(1)119頁。

(9)　本間・前掲注(3)106頁・107頁。

(10)　長谷山正観『宗教法概論』（有信堂、1956年）179頁、板橋・前掲注(5)51頁。

で、宗教的活動の分野であるとするべきとの反対説もある[12]。葬儀は行わなければならないというのが一般的であると思われるが、改葬の際のお清めについては、必ず行わなければならないと一般的に認識されているとまでは言い難い。それゆえ、報酬類似の性質ではなく、お布施としての性質を有すると解すべきであろう。したがって、お布施はお清めに対する反対給付ではないから、法律上の支払義務はないということになる。

　永代供養料については、改葬によって供養の対象がそもそもなくなっているので供養ということが想定できない。仮に、供養があり得るとしても、やはり、お布施は供養に対する反対給付の意味をもたないので、法律上の支払義務はないといえる。

3　納骨檀使用料の返還を肯定する裁判例

　前稿の脱稿後に、納骨檀使用料の一部返還を認めた東京地判令元・6・7 Westlaw 文献番号2019 WLJPCA06078003（以下、「裁判例2」という）が現れた。前稿において返還肯定例として紹介した東京地判平26・5・27Westlaw 文献番号2014 WLJPCA05278001（以下、「裁判例1」という）と同一の宗教法人が被告となっていて類似の事案であるにもかかわらず[13]、納骨檀使用契約の法的性質の理解が異なっていて格好の検討素材である。裁判例2とともに、前稿と重複する部分もあるが、あらためて裁判例1も紹介して若干の検討を加えたい。なお、いずれの事案においても、原告らはいわゆる新興宗教である被告宗教法人の信者であり、お布施としてあるいは納骨壇申込金として高額な支払いをしている。高額な支払いが結論に影響を及ぼしたことも考えうるが、少なくとも判旨からはその影響はうかがえないことから広い射程を有するものとして扱って差し支えないと思われる。

⑾　板橋・前掲注⑸51頁。

⑿　奈良次郎「判批」別冊ジュリ109号（『宗教判例百選〔第2版〕』。1991年）135頁。

⒀　宗教団体の活動開始時期、宗教法人として設立された時期および法人登記に記載されている目的等が同じであることから、同一の宗教法人であると推測される。

(1) **裁判例１**

宗教法人である被告の信者であった原告 X₁ ないし X₄ が、被告に対し、お布施、永代供養料および納骨壇申込金として被告に支払った金員の返還を求めた事案である。X₁ はお布施として3000万円、夫婦の永代供養料として200万および納骨壇申込金として700万円を、X₂ はお布施として1000万円および納骨壇申込金として700万円を、X₃ はお布施として200万円、夫婦の永代供養料として200万および納骨壇申込金として350万円を並びに X₄ はお布施として100万円および納骨壇申込金として375万円を、それぞれ被告に支払った。

お布施について、本判決は、その交付に錯誤があったとはいえず、お布施の勧誘も不法行為には該当しないし、被告からの脱退により金銭交付の目的が消滅したともいえないのでお布施の返還は認められないとした。

本件永代供養契約について、本判決は、「永代供養とは、一般に、故人の供養のために毎年の忌日や彼岸などに寺院で永久に行う読経をいうものであり、自己又は配偶者の死後に事実行為たる読経を依頼し、これに対する対価として金員を支払うことを内容とする本件永代供養契約の法的性格は、事実行為を委託する準委任であると解するのが相当である」から、「別段の合意がない限り、民法656条、651条１項の規定により、各当事者は本件永代供養契約をいつでも解除することができる」とした。そして、本件永代供養契約においては、被供養者の死亡によって初めて供養が開始されるものとされていることが認められるから、永代供養契約が被供養者の死亡前に解除された本件では、いまだ被告の負担する債務の既履行部分はないというべきであるとして、永代供養料全額の返還を認めた。

本件納骨壇使用契約について、本判決は、「本件納骨壇使用契約は、納骨堂内の隔壁及び扉によって区画された遺骨の収蔵場所である納骨壇につき、その場所に応じて価格設定のされている申込金を支払い、これに対して期限の定めのない半永久的な利用権を設定することを内容とする契約であり、①利用者には、納骨堂施設の維持管理のための経費として、納骨壇の使用開始後、年額１万円の『納骨堂護持奉納』が義務づけられる一方、②被告には、

利用者のために先祖の供養と来世の幸福を祈る集合形式の法要行事（定例法要会）を年5回（春秋の彼岸、お盆、ご生誕祭及び○○祭の時期）行うこと等が義務づけられる契約であると認められる。このような本件納骨檀使用契約の内容から考えると、その法的性質は、建物賃貸借契約の性質を中心としつつ、準委任契約の性質を併せ有する混合契約であると解される」。「以上によれば、別段の合意がない限り、民法617条1項前段の適用又は類推適用及び借地借家法28条の反対解釈により、納骨檀の使用者は、いつでも本件納骨檀使用契約の解約の申入れをすることができ、解約申入れの日から3か月経過後（民法617条1項2号）に同契約は終了するというべきである」とする。

　本件納骨檀申込金の不当利得について、本判決は、「本来、このような精算関係は利用規約等によって合意しておくことが望ましいことであるが、本件においてそのような合意がないことは前述のとおりであり、経過期間、原告らの得た便益、被告の行った事務等に着目して、契約上の債務の履行が既にされた部分と未履行の部分とを合理的に区分して、納骨檀申込金中の返還すべき範囲を決めるほかない」とし、「本件納骨檀使用契約の締結から上記解約まで、5年7か月〜7年7か月程度の期間が経過しており、その間はいずれの納骨檀においても実際に遺骨は収蔵されていないものの、被告において、原告らのために各納骨檀を割り当て、碑銘を入れた金属製プレートを納骨檀の扉に取り付けるなどして、原告らによる使用に委ねていたのであり、これに見合う対価相当部分は返還義務の対象とならないというべきである。他方、現実に遺骨を収蔵するという納骨檀としての本来的な意味での使用はいまだ開始していないこと、半永久的とされる期間を合理的に画して仮に100年だとしても、経過期間は5〜7％程度にすぎないこと、碑銘を入れた金属製プレートの取付料の実費はさほど大きなものとは考えられないこと、被告は納骨檀のシフトアップに係る納骨檀の変更（旧納骨檀に着目すれば解約にほかならない。）を認めており、単独での解約についてのみ不利益取扱いをすべき実質的な理由を見いだせないこと等を総合すると、納骨檀申込金の1割に相当する金額を控除してこれを返還させるのが相当である」とした。

(2)　裁判例 2

　本件は、原告である X_1 および X_2 が、被告宗教法人との間で、永代供養契約、納骨壇使用契約および納骨壇管理契約を締結し、X_1 は、納骨壇申込金2000万円および納骨壇永代管理料100万円を、X_2 は、納骨壇申込金2000万円および永代供養料100万円を支払ったが、上記各契約をいずれも解除したとして、不当利得返還請求権に基づき、永代供養料、納骨壇申込金および納骨壇永代管理料の返還を求めたものである。

　まず本件永代供養契約について、本判決は、「本件永代供養契約は、自己又は配偶者等の被供養者の死後に、その供養のために被告において読経を行うことを依頼し、これに対する対価として金員を支払うことを内容とする契約であり、被告により提供される役務の内容が主として読経という事実行為であることからすると、その法的性質は、被供養者の死後において読経という事実行為を委託することを中核とする準委任契約類似の無名契約であると解するのが相当である」から、「本件永代供養契約の解除については、準委任契約について定める民法656条が準用する同法651条 1 項を類推する基礎を有すると評価することができ」、原告の解除の意思表示によって将来に向かって効力を失い、本件永代供養契約に基づく役務を被告はいまだ提供していないことから、原告らは永代供養料の全額の返還を求めることができるとした。

　次に本件納骨壇使用契約について、本判決は、「納骨壇とは、納骨堂中の焼骨等を収蔵するための一区画をいい、焼骨等の収蔵以外の方法で使用することは予定されておらず、原告らもそれを前提として納骨壇の申込みをしていることからすると、本件納骨壇使用契約は、納骨壇を確保した上、焼骨等を収蔵するという事実行為を委託することを中核とする準委任契約類似の無名契約であると解するのが相当である」とし、本件納骨壇使用契約には、民法656条が準用する同法651条 1 項を類推する基礎を有すると評価できるから、原告らは、本件納骨壇使用契約をいつでも解除することができるとした。

　なお、本件納骨壇使用契約は納骨壇使用権設定契約であるとの被告の主張に対して、本判決は、納骨壇自体の管理は被告が行っており、納骨壇に焼骨

等以外の物を自由に収蔵することは当事者間で予定されていないこと、契約締結後に別の区画の納骨壇に変更することも可能であり、焼骨等を収蔵していても、合祀施設における収蔵に移行される場合があることから、「特定の納骨壇使用権を排他的かつ確定的に原告らに取得させることを目的とする契約であるとはできない」とする。

　本件納骨壇申込金の不当利得について、本判決は、当事者間において本件納骨壇使用契約の期間について明確な合意はされていないものの、「納骨を開始した場合に支払う納骨壇管理料（年額1万円）について、納骨壇永代護持奉納制度を利用して100万円を前納した場合には、納骨壇の利用者に承継人がいなくなっても、納骨堂の建替えまでの間は当該納骨壇での焼骨の収蔵が継続されることとされるなど、100年程度は焼骨等の収蔵の継続が予定されていることを考慮すると、本件納骨壇使用契約の期間は概ね100年程度と想定することができる」とする。

　他方で、本判決は、「本件納骨壇使用契約が焼骨等を収蔵するという事実行為を委託することを中核とする準委任契約類似の無名契約であるとしても、焼骨等の収蔵の有無によって被告が提供する役務の内容自体には大きな変化はない一方、収蔵が行われていない期間においても、被告は当該契約に係る納骨壇を他の目的に使用することはできないのであるから、納骨壇申込金に相当する不当利得の金額については、公平の観点から、当該契約に基づいて納骨壇を確保していた期間に応じて順次減少していくものと解するのが相当である」とする。

　そのうえで結論として「本件納骨壇使用契約の期間が概ね100年程度と解されること、原告らが同契約に基づいて約9年半の期間にわたり納骨壇を確保していたこと、被告が納骨壇確保のために付随的な事実行為を行っていたことを考慮すると、被告による不当利得の額は原告らが支払った納骨壇申込金から1割を控除した額と認めるのが相当である」とした。

　最後に本件納骨壇管理契約について、本判決は、「本件納骨壇管理契約は、納骨壇の維持管理のための清掃や修繕等の事実行為を委託することを目的とする契約であると解されるのであり、その法的性質は準委任契約類似の無名契約であるということができるから、原告X₁は、民法656条が準用する651

条1項の類推適用により本件納骨壇管理契約をいつでも解除することができるというべきである」とする。

そして結論として「本件納骨壇管理契約における納骨壇管理料については、納骨壇1壇当たり1年につき1万円という対価関係が認められるから、原告 X_1 による同契約の解除により、原告 X_1 は、被告に対し、同原告が支払った納骨壇永代管理料100万円から、同契約解除までの期間に対応する分である9万円を控除した残額に相当する91万円の不当利得返還請求権を有する」とした。

(3) 若干の検討

両判決で問題となった①永代供養契約および②納骨壇使用契約の法的性質に関する裁判例1および裁判例2の判断について若干の検討を加えておきたい。

①永代供養契約について、裁判例1が準委任契約とするのに対し、裁判例2が準委任契約類似の無名契約とする点において違いがあるものの、被供養者の死後において読経という事実行為を委託することを中核とするとの理解は共通している。原告らが、「供養」を委託したと主張したのに対し、裁判例1は、永代供養の一般的な理解から供養の内容は読経であるとしている。準委任契約は事実行為を委託するものであるから、単に供養というだけではなすべき行為が特定されていないとの趣旨であろう。このことから、永代供養契約の法的性質の決定にあたっては、契約内容等から供養の具体的内容を特定することが重要であるといえる。なお、裁判例2が準委任契約類似の無名契約としたのは、「被告により提供される役務の内容が主として読経という事実行為」であるとしていることから、読経以外にも提供されるべき役務があるとの理解に基づくものと思われる。

②納骨壇使用契約について、裁判例1が期限の定めのない建物賃貸借契約の性質を中心としつつ、準委任契約の性質を併せ有する混合契約としたのに対し、裁判例2は、焼骨等を収蔵するという事実行為を委託することを中核とする準委任契約類似の無名契約であるとし法的性質の理解が分かれた。

まず、裁判例1が準委任契約の性質を有するとしたのは、納骨壇使用契約

において、利用者のために先祖の供養と来世の幸福を祈る集合形式の法要行
事（定例法要会）を年5回行うことが被告に義務づけられているからである。
しかし、裁判例2ではこのような事実は認められていない。

　次に、法的性質決定における違いは、本尊に近い位置ほど申込金が高く設
定されていて、契約締結後もより本尊に近い場所に位置する納骨壇への変更
が認められること（以下、「シフトアップ」という）をいかに解するかの違い
に由来する。裁判例2は、使用権の設定とは、使用権を排他的に確定的に取
得させることをいうとし、シフトアップは確定的に使用権を取得させること
を目的としていないことの証左の1つとして、納骨堂管理は被告が行ってい
て焼骨以外は収蔵できないことおよび合祀のために納骨壇からの焼骨が移動
されることがあることともに指摘する。裁判例1も、遺骨を収蔵するための
区画が納骨壇であるとしていることから、納骨壇に焼骨以外は収蔵できない
ことは前提としていると思われるし、同一の宗教法人であることから、認定
はされていないものの、合祀に関する定めもあったと推測される。しかも、
焼骨以外は収蔵できないことや管理料不払いの場合などに焼骨が他の場所に
移されることは、納骨堂一般においても認められよう。そうすると、シフト
アップに対する評価が法的性質決定の相違につながったといえる。すなわち、
裁判例1は、シフトアップは「旧納骨壇に着目すれば解約にほかならない」
と解するのに対し、裁判例2は、使用権を確定的に取得することを目的とし
ないことの証左とみる。

　まず、シフトアップの有無にかかわらず、一般に、納骨檀使用契約が焼骨
の収蔵を目的とするという理解は、「焼骨の収蔵のために」ある施設である
とする墓埋法における納骨堂の定義（墓埋2条6項）に合致し、焼骨を埋蔵
できないことから焼骨の移動が比較的容易であるという納骨堂の性質をよく
とらえているといえる。また、シフトアップはどこの納骨壇を使用するかが
重要ではなく、いずれかの納骨壇に焼骨を収蔵できればよいとする当事者意
思の表れと解することができる場合がある。特に、使用する納骨壇の位置に

---

(14)　収蔵とは、焼骨を収める方法の中で、埋蔵以外のすべての方法を指す（生活衛生法
　規研究会監修『新訂逐条解説墓地、埋葬等に関する法律〔第3版〕』（第一法規、2017
　年）15頁。

かかわらず、使用料が一律である場合には、焼骨の収蔵が目的であると解すべきであろう。

　しかし、裁判例1および裁判例2においては、納骨壇の位置によって申込金の金額が異なり、本尊に近い場所に位置する納骨壇ほど高額に設定されていることから、どこの納骨壇を使用するかが当事者にとって重要であることがうかがえる。そうであれば、当該納骨壇の使用権を確定的に取得することを目的としていると評価して、建物賃貸借契約の性質を中心とすると解するほうがより適切であろう。

4　適格消費者団体による不返還条項に関する申入れ

　前稿において紹介した適格消費者団体による不返還条項に対する申入れに、ネットとうほくの事例を追加したい[15]。ネットとうほくは、本件霊園に対して、墓地の永代使用契約を締結し永代使用料・管理料を納付した後に、申込者が解約をした場合、納付金は墓地の使用いかんにかかわらず、一切返金しないという定めが主として消費者契約法9条に反するとして申入れを行った。その結果、墓地使用権の放棄申請日が墓地契約日から1年未満で、墓石外柵等の設備を行っておらずかつ納骨がなされていない場合には、既納使用料の9割の額の返還を、墓地使用権の放棄申請日が墓地契約日から3年未満で、墓石外柵等の設備を行っておらずかつ納骨がなされていない場合には、既納使用料の半額の返還をする旨の規定に改められた。

　もっとも、ネットとうほくと本件霊園との法的な見解は異なっており、規定を改善したのは、法的義務はないが「公営霊園を中心に返還を認める例が多数となってきた社会的風潮」や「厚生労働省の『標準契約約款』の存在等に照らし、現時点では一部返還を規約化することに社会的妥当性があるとの判断に他ならない」というものである。そこで、以下では両者の主張を紹介しつつ、検討を加える。

---

(15)　ネットとうほくウェブサイト「公益財団法人アタラクシアが営む霊園の墓地使用契約の条項に対する申入れ等の結果について公表します」(2020年)。

　なお、本件霊園は、大きく分けて３つのタイプの墓を運営している。すなわち、①一般墓、②永代供養墓、③有期限墓である。両者の法的な主張は、①と②・③に大きく２つに分けたうえで展開されているので、この分類に従って見ていくことにする。

(1)　一般墓

Ⓐ　両者の主張

　一般墓とは、墓地使用権が承継人がいる限り承継され続けることを予定した墓である。

　ネットとうほくは、管理料を納めないとき等は一般墓の使用許可を取り消すことができるとの定めがあることから、一般墓の使用契約は、墓地使用権の設定とともに、本件霊園に埋葬された被供養者の供養とそのための霊園管理という役務の提供を内容とするものであり、使用料等の支払いによる権利設定とその後の継続的な役務提供が一体となったものであるとする。そうであるならば、墓地使用権のみを放棄することはできないのであるから、墓地使用権の放棄を定めた規定は、契約を任意に解約することを認めるものであり、実質的に契約の中途解約を定めた規定と同視すべきであり、同様の理解は、厚生省が2000年に公表した「墓地使用に関する標準契約約款」（以下、「標準契約約款」という）の８条１項の解説においても示されているとする。それゆえに、解約時期によっては、消費者契約法９条１号にいう平均的損害を超えるものとして一部が無効になると主張する。すなわち、墓地使用料には、被供養者の供養という役務の提供に対する対価が含まれるとの見解である。

　これに対し、本件霊園は、ネットとうほくと同様に、墓地使用契約の内容は墓地使用権の設定と埋葬者の供養と霊園管理という継続的役務から成るとするが、使用権の設定は使用料と、埋葬者の供養と霊園管理は墓地管理料と対価関係にあるとする。それゆえに、墓地使用料が支払われ、墓地使用権が設定された以上、契約上の権利義務関係の履行は終了しているから契約の解除ということは想定されないとする。そのうえで、墓地使用料を墓地使用権設定の対価とみるべき根拠として、京都地判平19・6・29裁判所ウェブサイ

トを挙げる。この判決については項を改めて紹介および検討する。

Ⓑ 前掲京都地判平19・6・29の検討

　この判決の事案は、平成4年に父である訴外Aが控訴人である寺院との間で墓地使用契約を締結して65万円を支払ったところ、Aを相続した被控訴人が、平成18年に同契約を解約するとの申入れをしたうえで、不当利得返還請求権に基づき65万円の返還を求めたというものである。なお、解約の理由は、Aを含む相続人らはAの墳墓を他の場所に設けることにしたというものであり、本件墓地には墓石等は設置されていなかった。

　原審は、26万円の範囲で返還を認めた。

　本判決は、墓地使用契約が「賃借権又は使用借権のように一定期間の使用権を設定するものではなく、永続的ないし永代的な使用権を設定するもの」であることに加えて、「本件墓地使用料は使用開始時に一括払いが予定されていること（本件墓地使用規則第5条及びAは契約締結時に一括払いしていることからそのように解される。）及び本件墓地使用規則には本件墓地使用料の返還についての規定はないことを考慮すれば、本件墓地使用料は使用期間に対応した使用の対価とはいえず、墓地使用権の設定に対する対価と解するのが相当である」とした。

　まず、訴外Aが本件墓地使用契約を締結した平成4年は、標準契約約款が公表される前であり、解約した場合に墓地使用料の一部を返還することが現在ほどに一般的ではなかったことが指摘できる。

　次に、確かに、賃貸借契約においては使用期間に応じて定期に賃料を支払うのが一般的であり、賃料の支払いを約束しなければ賃貸借とは認められない。しかし、民法上、賃料の支払方法に関する制限はなく、賃料を一括して前払いすることも許される。また、前記裁判例1が指摘するように、賃料を一括前払いして期限の定めのない賃貸借を行う場合には、中途解約に備えて賃料の精算を合意しておくことが望ましいが、このような定めがないからといって賃貸借であると認定できないわけではない。現に、前記裁判例1は、納骨壇使用契約についてではあるが、使用料を使用開始時に一括払いし、使用料の返還の定めがない事案において、期限の定めのない賃貸借契約の性質を中心とする契約である旨を判示している。確かに、墓地使用契約がどの程

度の期間存続することを当事者が想定していたかを認定することには困難が予想される。しかし、前記裁判例2のように、管理料の支払いに関する約定などから存続期間を想定することができないわけでない。したがって、本判決が指摘する事由があるからといって賃貸借契約とみることができないとはいえない。

Ⓒ　若干の検討

前稿でも述べたが、墓地使用料の返還を検討する際には、墓地使用契約の目的を確定する必要がある。すなわち、その目的は、供養などの死者を弔う事実行為なのか、墳墓を所有するための墓地の使用なのかである。前者であれば、納骨までは供養が必要ないのであるから、納骨前に墓地使用契約を解約した場合は、使用料の全額が返還されるべきことになる。後者であれば、使用料が使用権設定の対価であるのか、使用の対価であるのかが問題となる。賃貸借契約における権利金の議論に照らせば、使用権設定の対価の本質は、使用権設定によって所有権に加えられる制約の代償であると解すべきである。この理解を前提とすれば、墓地所有権は墳墓を設ける目的にしかそもそも用いることができないのであるから、墓地使用権が設定されたとしても所有権に与える制約は小さく、墓地使用権の設定の対価とみるべき部分はわずかであり、その他は使用の対価とみるべきことになる。つまり、墓地使用料には、使用権の設定に対する対価部分と、使用に対する対価部分があり、後者が大半を占めるというのが私見である。したがって、墓地使用契約が解約された場合は、使用に対する対価部分から、使用権設定からの経過期間を加味しつつ、焼骨の収蔵という目的がどの程度達成されたかを基準に返還額を決定すべきことになる。

以上のことを踏まえて、両者の主張を眺めると、両者は、私見とは異なり墓地使用料には使用の対価は含まれないとする点並びに使用権設定および霊園管理のほかに供養が契約目的に含まれるとする点で共通するものの、「供養」債務の位置づけが異なると整理できる。

⒃　一般的には、両者の要素を併せもつ混合契約とすべき場合が多く、どちらの目的を主とみるべきかということになるが、理念的には、本文のように両者を区別して考えることができよう。

　墓地使用者自らが死者を供養するため、あるいは将来、自らが親族等に供養されるために墓地使用権を取得するのが一般的であることから、一般墓使用契約から本件霊園に供養債務が発生するのかが通常は問題となろう。しかし、本件霊園使用規程には、無縁と認める埋蔵焼骨がある場合には無縁墓地に改葬して本件霊園が供養する旨の定めがあることから、本件霊園が供養債務を負っていることについて両者の間で争いはない。

　上記の定めによれば、管理料の３年以上の不払い等を理由として無縁改葬されたときという極めて限定的な場合においてのみ、本件霊園は供養債務を負うこととされていることに加え、本件霊園では墓前読経や塔婆供養は別途有料とされていることに照らせば、供養は付随的債務であると評価することになろう。そして、一般墓使用契約における要素たる債務は使用権の設定でその他の債務は付随債務であるとするならば、共用施設の維持管理などの付随的債務の対価であることが想定されている霊園管理料に供養の対価が含まれていると解することもできよう。

　しかし、本件霊園使用規程において、管理料は「霊園内の共用施設の維持管理及び事務管理に要する費用」であると定められており、供養の対価が含まれる旨は規定されていない。また、既払管理料に供養の対価が含まれているならば、既払管理料の一部返還がなされるはずであるが、そのような定めはない。無縁改葬後も供養の対価として管理料が発生し続けると理解する可能性はあるが、この場合には、無縁改葬の要件の１つとして管理費の３年以上の不払いが定められていることから、対価の回収が困難な状況においてな

---

(17)　使用許可の取消し等について次の定めがあった。
　「①　次の場合には使用許可を取消す事がありますからご注意下さい。
　一、使用者の死亡後二年を経過して祭祀を承継する者がいない時。
　二、使用者である法人が解散した時。
　三、使用者が管理料を三年以上納入しない時、または使用者と祭祀承継者との管理料未納期間が合算して三年以上にわたる時。
　四、使用者が承諾を受けた目的以外に使用した時。
　五、他の使用者の信仰に圧力を加えたり近隣の迷惑になるような行為をした時。
　六、使用者が前条の規定に違反した時。
　②　前項第一号乃至第三号の場合、使用墓地内に無縁と認める埋葬焼骨のあるときは、別に定める無縁墓地に改葬をして、本霊園において御供養を致します。」
(18)　なお、供養の内容が特定されていないことに照らせば、霊園を運営する事業者の公益的性格に基づく道義的な債務と解する余地もあったと思われる。

お債務を負う定めと理解することになる。このような合意をすることは通常は考えにくい。霊園事業者の公益的性格ゆえと理解することになろうか。

　仮に、公益的性格ゆえであるとしても、供養の対価としての管理料が発生することを基礎づけるためには、墓地使用契約が解約されても、なお、管理契約は存続するということを前提とする、すなわち、墓地使用権設定契約と管理契約という２つの契約が当事者間に存在するとの前提が必要となる。なぜならば、本件のように、墓地使用許可の「取消し」と定められていたとしても、霊園営墓地における墓地使用権は契約によって発生するから債権であるとするのが通説であるから、墓地使用権の「取消し」は墓地使用契約の解除にほかならないからである。

　もちろん、墓地使用契約と管理契約とを別個に締結する霊園も実際にあるし、形式的には１つの契約のようにみえるものの、実際には２つの契約であると解することは可能である。

　もっとも、２つの契約と解する場合には、墓地使用契約において一般的に一定期間の管理料不払いが墓地使用契約の解除原因となることが定められていることが、一方の契約に基づく債務の不履行を理由に他方の契約を解除できるのかという形で問題となる。この点につき、判例は、同一当事者間でいわゆるリゾートマンションの区分所有権の売買契約と同時にスポーツクラブ会員権契約が締結された事案において、「同一当事者間の債権債務関係がその形式は甲契約及び乙契約といった二個以上の契約から成る場合であっても、それらの目的とするところが相互に密接に関連付けられていて、社会通念上、甲契約又は乙契約のいずれかが履行されるだけでは契約を締結した目的が全体としては達成されないと認められる場合には、甲契約上の債務の不履行を理由に、その債権者は、法定解除権の行使として甲契約と併せて乙契約をも解除することができる」と判示している（最判平８・11・12民集50巻10号2673頁）。このように、判例は①「相互の密接な関連」と②「契約目的の（全体としての）達成可能性」を挙げるが、①は②の当然の前提であるから②が最終的な基準として意味をもち、ここに「契約の目的」とは、単なる一方当事者

⑲　田山輝明「墓地使用権の法的性質」ジュリ975号（1991年）20頁、竹内康博『墓地法の研究』（成文堂、2012年）89頁。

の主観的な意図や目的を指すものではなく、双方で形成された「契約」の趣旨・目的であって、それは、契約書の記載や契約締結過程における説明のほか、当該契約にかかわる一切の事情（契約類型や取引通念なども含む）を考慮して行われる一種の契約解釈の問題であるとされる。[20]本件でも全体としての契約目的をいかに解するかが問題となるが、仮に、焼骨を埋蔵するために墳墓を所有することが契約目的であるとするならば、管理料の不払いを理由として、墓地使用契約を解除することは難しいであろう。そうであるならば、３年以上の管理費の不払いで墓地使用契約を解除できるとの定めは、消費者契約法10条に抵触する可能性も出てくる。

　ただ、墓地使用契約が１つの契約であるとしても、判例は、付随的債務の不履行では契約を解除することはできず、契約解除には要素たる債務の不履行が必要としている（最判昭36・11・21民集15巻10号2507頁）。そして、全体としての契約目的の解釈の場合と同様に、要素たる債務か付随的債務かは、当該契約の具体的諸事情を総合的に勘案して、当事者の意思の合理的な解釈によって判断しなければならないとされていること[21]と、１個の契約における契約解除の可否に関する判例の考え方は上記の複数契約の解除の場面でも貫かれていると評価されていること[22]に照らせば、反対する学説があるものの、[23]契約の個数は重要ではないとの評価もあり得る。

　仮に、１つの契約としても２つの契約としても解除においては結論に差がないとしても、平成29年の民法改正で541条にただし書が加えられたことによって両者の差が明確になったといえる。というのは、無催告解除の場合とは異なり、催告解除では、契約目的は達成できるが軽微とはいえない不履行の場合に、契約を解除することができることになったからである。[24]管理費の不払いは、墓地使用契約の契約目的は達成できるが、軽微ではない不履行の

(20)　鹿野菜穂子「判批」別冊ジュリ238号（『民法判例百選Ⅱ〔第8版〕』。2018年）91頁。
(21)　森田宏樹「判批」別冊ジュリ192号（『不動産取引判例百選〔第3版〕』。2008年）57頁。
(22)　鹿野・前掲注(20)91頁。
(23)　山本豊「判批」判タ949号（1997年）51頁、大村敦志「判批」ジュリ臨増1113号（平8重判解。1997年）69頁、鹿野・前掲注(20)91頁。
(24)　民法（債権関係）部会資料79-3〔PDF版〕14頁。

場面とまさに評価できよう。そうであれば、1つの契約とした場合には管理費の不払いによる墓地使用契約解除の約定は、消費者契約法10条に該当する可能性は低いといえよう。管理費の不払いが長期間に及んでも墓地使用契約が解除できないことは不合理であることに加えて、管理契約の解除原因を定めていないことから当事者が管理契約のみの解約を想定していないと思われることに照らせば、墓地使用契約は1つの契約であると解するのが妥当であるといえよう。[25]

(2)　永代供養墓・有期限墓

(A)　両者の主張

　永代供養墓は、いわゆる非承継墓である。本件霊園では、納骨棟内の棚に骨壺で33年間安置して、その後は合祀墓に移して永代供養をすることになっている。納骨する棚は申込み順のために選ぶことはできずに、他の者と共同で利用することになっていて、年1回慰霊祭が行われる。

　有期限墓も、いわゆる非承継墓である。本件霊園の有期限墓には、1つの墓地区画を1つの使用家が占有し、墓石がある個別型と1つの墓地区画を複数の使用家が共有し、墓石のない共有型がある。いずれも10年単位で使用期間の設定が可能であり、個別型は最長100年まで、共有型は最長50年までとなっており、使用期間終了後は永代供養墓に合祀するか、遺骨を引き取るかを選択することになっている。個別型の場合は、墓地使用料に加えて、墓石使用料および管理費を一括で支払うことになっているが、共有型の場合は、いずれの費用も不要とされていて、墓地使用料のみで使用できることになっている。

　ネットとうほくは、これらの墓の使用権が、墓地使用権の特徴の1つである「永久性」を備えていないことから、その性質は賃貸借類似の契約であるとして、使用していない期間についても一切の使用料・管理料を一切返還し

---

[25]　渡辺達徳「判批」新報104巻4＝5号（1998年）177頁は、本文で示した最判平8・11・12の事案について、「両契約の関係において、契約解除条項が売買契約にのみ置かれるという構造を反映した法律構成が採られるべき」であるから1個の契約であるとみるべきであるとする。

ないという定めは消費者契約法9条に反すると主張する。

　これに対して、本件霊園は、墓地使用期間内だけをとってみれば、賃貸借契約類似の側面を有するようにみえるが、これらの墓の使用契約の本質は、墓地使用期間を終了してもなお、遺骨が合祀部に移り、永続的な祭祀が実施されることにあるから、賃貸借契約類似の契約ではないとする。

(B)　若干の検討

　一定期間経過後に合祀墓に移されて永代供養されることになっていることから、永代供養墓および有期限墓使用契約が、賃貸借契約類似の性質と永続的な祭祀という事実行為を委託する準委任契約の性質を併せもつ混合契約であると解する点では両者に違いはないと思われる。しかし、前者の性質と後者の性質のいずれを中核とみるかにおいてネットとうほくと本件霊園とでは違いがある。

　まず、本件有期限墓使用契約については、使用期間が長くなるにつれて一定の割合で使用料が高くなる、すなわち、使用期間の長さに応じて使用料金が定められていることから、賃貸借契約類似の性質が中核とみるべきであろう。永続的な祭祀の実施が中核であるとすれば、合祀前の期間の長短にかかわらず、使用料金は一定額となるはずだからである。また、有期限墓においては、使用期間経過後に焼骨を引き取ることも可能であることに照らしても、永続的な祭祀が中核であるとするのは難しいであろう。したがって、約定の中途解約権が行使された場合には、未経過期間に応じて有期限墓使用料が返還されるべきことになろう。

　なお、賃貸借契約類似の契約とすると、賃貸借の存続期間を50年とする民法604条1項との関係が問題となる。法制審議会民法（債権法）部会における議論の終盤まで同項は削除することが予定されていたが、「あまりにも長期にわたる賃貸借は、目的物の所有権にとって過度な負担になる等の弊害が生ずる懸念がある」との理由から50年の上限が設けられることになった。[26]このような改正の経緯に、墓地所有権は墳墓を設ける目的にしかそもそも用いることができないし、納骨堂所有権は、焼骨を収蔵する目的にしかそもそも

---

(26)　民法（債権関係）部会資料83-2〔PDF版〕44頁。

用いることができないから、長期間にわたる賃借権が設定されたとしても所有権にとって過度な負担とはならないことを加味すれば、民法604条1項が類推適用されることはないであろう。

　次に、本件永代供養墓使用契約については、使用期間は納骨日から一律33年であり、使用期間中は年1回慰霊祭が営まれ、使用期間経過後は合祀墓に移され永代供養されるのであるから、永続的な祭祀の実施が中核であるとも思われる。しかし、永続的な祭祀が目的であれば初めから合祀墓を利用することも考えられるところ、33年もの長きにわたり納骨棟を使用したいというのは、一定期間は個別に供養してほしいという気持ちの表れであり、他の焼骨との識別ができる状態で焼骨を収蔵することを目的として納骨棟内の棚を借りているとも解される。もっとも、納骨する棚は申込み順で場所を選ぶことはできずに、他の者と共同で利用することになっていて、使用期間経過後は合祀墓に移されることが予定されており、さらには、棚の場所にかかわらず使用料が同じであることに照らせば、納骨棟内の棚の使用権を契約者に排他的確定的に取得させるものとは解されない。したがって、前記裁判例2のように、焼骨の収蔵という事実行為を委託する準委任契約が中核であるとみるのがより適切であろうか。そうだとすると、約定の中途解約権が行使された場合には、未経過期間に応じて永代供養墓使用料が返還されることになろう。

5　おわりに

　ここまで、前稿で残された課題としていた改葬に伴う高額請求並びに納骨檀使用料返還に関する新たな裁判例およびネットとうほくによる墓地使用料不返還条項の改善事例を紹介しつつ若干の検討を加えてきた。とりわけ、裁判例および改善例の検討からは、墓地あるいは納骨檀の使用に係る当該契約を個別具体的に検討して契約目的を確定することによって、使用料の返還が認められる可能性が高くなることがうかがえた。特に、納骨檀、有期限墓および永代供養墓ではこの傾向が顕著である。

　他方、いわゆる承継墓の使用契約については、契約目的を確定する手法に

も限界があり、発想の転換が求められているようにも思われる。なぜならば、墓地使用の対価であるとする考え方は、使用料返還の際に墓地使用契約の存続期間の想定を説得的に行うのが難しく、供養などの墓地使用権の設定以外が主たる目的であるとするのも難しい状況であるからである。1つの方向性としては、標準契約約款8条2項の解説が「墓石の設置も焼骨の収蔵もしていない」状態を「実質的に何ら墓地を使用していない」状態であると評価していることを手掛かりに、墓地使用契約における「使用」とは何かをあらためて考えることがあり得よう。この点については引き続きの検討課題としたい。

さらに、標準契約約款の影響もあってか、本件霊園のように、墓石の設置も納骨もしておらず、かつ、契約締結から短期間での解約については使用料を返還するという事業者も増えてきている。使用料の返還がなされること自体は歓迎すべきことであるが、契約締結時から短期間の解約に対してのみ使用料を返還すればよいとの傾向には、事業者と消費者との間の適正なリスク配分という視点からは危惧の念を抱く。

承継墓の使用権は承継されていくことが予定されており、当該契約は長期間継続することが想定されているものの、実際にどの程度の期間継続することになるのかを契約締結時に当事者が正確に予見することは不可能である。また、契約継続中の社会の変化等について予見することも不可能であるから、少なくとも社会の変化によって墓地が不要となる可能性について当事者が予見することもできない。[27]そうであるならば、承継墓使用契約の当事者は、墓地使用権の存続期間が不確定であることから生じるリスク（承継人の不存在）と承継人はいるものの墓地が不要となるリスクを、契約によって、すなわち、墓地使用料の不返還あるいは一部返還を認める条項を定めることによって配分しているといえる。契約自由の原則からどのようなリスク配分を行うかは自由であるが、墓地使用者が消費者である場合には霊園との間に情報格差が

---

[27]　前稿77頁において述べたように、解約トラブルが増加した要因の1つとして改葬へのニーズの高まりがある。確かに、改葬を決断する直接的な動機は個人的な事情によるものであるが、直接の動機を形成する背後には、地方から都市部への人の移動や少子化など社会の変化があることは指摘できよう。

あることと、霊園は解約された墓地使用権を再販売することができることを
考慮すれば、契約から1年や3年などの比較的短期間しか使用料を返還しな
い、すなわち、短期間しか霊園がリスクを負担しないことは適切であると評
価できるかは疑わしい。そうであるならば、標準契約約款や使用料の返還を
認める条項についても[28]、安易にそれらを基礎とすることなく批判的に検討す
ることも必要であろう。

---

[28]　標準契約約款8条2項ただし書は「……使用者が既に使用料納付しているときは、
契約成立後〇日以内に契約を解除する場合に限り、経営者は、当該使用料の〇割に相
当する額を返還するものとする」として具体的な内容は事業者に委ねているが、契約
成立後〇年ではなく、〇日としていることから比較的短期間を想定しているように思
われるし、少なくともそのような印象を与えるものとなっている。

▶▶▶実務へのアプローチ▶▶▶

弁護士 小野寺友宏

Q1 将来に備えて、霊園運営業者と墓地の使用契約をし、使用権料100万円と管理料（3年分先払い）3万円を納付した。しかし、契約の翌日、まだ先のことだと考え直して解約を申し出たところ、契約書に「解約時において、既払いの使用権料および管理料は返還しない」と定められていたため、返金は一切できないと断られた。契約したばかりで全く墓地の区画を使用していないのに全額返金されないのは納得いかない。このような条項は有効なのか。

A

解約した時期が契約直後で、使用権者が墓石の設置も焼骨の埋蔵もしていない段階で、契約を解除した場合においては、墓石の撤去等は不要であり、契約を解除した者が使用する予定であった区画について、新らたな購入者を探し契約をすることも十分可能である。したがって、購入者が契約を解除してもすでに納入した使用権料および管理費を返還しないという条項は契約の解除に伴う平均的損害の額を超えるものであり、消費者契約法9条1号により無効であると考えられる。

また、上記の定めは、使用権者が何の使用もしていない場合でも、すでに納入した使用権料および管理費の返還を例外なく認めないものであり、民法の不当利得返還請求権を制限するものであると考えられることから、民法が適用される場合に比し、消費者の権利を制限する条項ということができる。そのうえで、使用権者は、実質的に契約上認められる契約解除の自由が制限されているのと同様の評価ができることから、本規定は、信義則に反して消費者の利益を一方的に害するものであり、同法10条により無効であるとも考えられる。

Q2 墓地の使用契約をした後に契約を解除した場合の使用料等の返金について、参考になる基準はあるのか。

A

　厚生労働省は墓地の運営ために、「墓地経営・管理の指針等について（平成12年12月6日生衛発第1764号）」を定めているが、これに添付されている「墓地使用に関する標準契約約款」〈https://www.mhlw.go.jp/topics/0104/tp0413-2.html〉が参考になる。同約款では、使用者が契約を解約した場合、「使用者は既に支払った使用料及び管理料の返還を請求することはできない」ことを原則としているが、使用料については、「墓石の設置も焼骨の埋葬もしていない、つまり実質的に何ら墓地を使用していない場合においてまで高額な負担を全額負わせることは、妥当ではないと考えられる」として、標準約款に「契約成立後〇日以内に契約を解約する場合に限り、当該使用料の〇割に相当する額を返還する」（8条2項）との例外規定を設けている。また、管理料についても、「契約解約の日の属する年度の管理料を納付してないときは、使用者は当該管理料を支払わなければならない」（8条3項）として、管理契約が属する年度の管理料までが納付の限度とされている。

　契約解除に伴う違約金や返金の制限が、平均的損害の額を超えるかの検討にあたっては、上記のような標準約款に準拠した規定が設けられているかどうかも判断材料となり得ると考えられる。

Q3 契約解除に伴う使用料の返金等が問題となった事例での、適格消費者団体の活動成果はどのようなものか。

A

　適格消費者団体が取り組んだ事例として、以下のものが公表されている。

1 全国消費生活相談員協会（終了日2013年3月29日）

(1) 事案の概要

納骨堂を運営する宗教法人等の納骨堂使用規定において、「解約時における既払い使用権料及び管理費を返還しない」とする規定が、消費者契約法9条1号および10条により無効であるとして、上記の不当条項の使用停止を求めた事案である。

(2) 取組みの成果

差止請求の結果、「使用者はすでに納入した使用権料及び管理費の返還の請求はすることが出来ない」としていた文言が削除され、「使用者から契約解除の申入れがあったとき、墓石が建立されていない場合は使用権料を全額返還しなければならない」との規定に改められた。これによって墓石の設置していない段階での納骨堂の契約解除においては、使用権料と管理料は返還されることになった。

2 消費者市民ネットとうほく（終了日2020年5月26日）

(1) 事案の概要

墓地の永代使用契約を締結し使用料・管理料を納付した後に、申込者が解約をした場合、納付金は墓地の使用いかんにかかわらず一切返金しないという定めが、消費者契約法9条1号、10条の不当条項に該当するとして、使用料・管理料を返金しない旨定める部分を削除し、消費者契約法に適合した返金額を定める規定に修正するよう申入れを行った事案である。

(2) 取組みの成果

使用料・管理料について、以下のような返金規定が設けられた。

(A) 墓地使用料

墓地使用契約日から3年を経過しない期間内で、墓石外柵等の設備を行っておらずかつ納骨をしていない場合は、既納の墓地使用料を以下のとおり返還する。

○ 放棄申請日が墓地契約日から1年未満でかつ納骨がされていない場合
  既納使用料の9割返金

○ 放棄申請日が墓地契約日から3年未満でかつ納骨がされていない場合
  既納使用料の5割返金

(B) 墓地管理料

既納の管理料のうち、放棄日に属する年度以外の未経過分を返還する。

⑤ 賃貸住宅管理と法

岩手県立大学総合政策学部 **窪 幸治**

本稿の概要

✓ 賃貸住宅管理の業務は、従前、平成23年に国土交通省告示により設けられた任意登録制度で一定の規律がなされてきた。しかし、大手事業者でも制度を利用せず、サブリース被害や施工不良などを起こす例もあり、法制化の議論が進んだ。

✓ 令和2年6月、賃貸住宅管理業適正化法が制定され、管理業の登録義務化、サブリース事業者に対する誇大広告・不当勧誘等の禁止等の行為規制を定める行政規制が導入された。

✓ 民事効を定める規定はなく、賃貸住宅管理業適正化法の対象は管理業者またはサブリース業者にとどまるが、ガイドライン・標準契約書を通じて入居者に対する契約の明確化、誇大広告禁止等の行為規制が取引上の社会通念に取り込まれることで、民事責任を問いやすくなることが期待しうる。

✓ 家賃債務保証業者は、賃貸人の権限代行を行う者もいるが、任意の登録制度の対象となるにすぎない。賃貸人を含む三面契約で、保証業者に権限を付与する契約条項の有効性に関しては、保証人の立場から一考の余地がある。

1 はじめに

「新オーナーから1棟借りしまして、今後、当社が賃貸人となります。」
「根拠は民法です。そう決まっています。」
「他の入居者の方には、ご理解いただいています。」

「再契約になると面倒になりますよ。」

これは、筆者が居住する賃貸物件が売却され、各戸に配付された「オーナーチェンジ通知書」の「新管理会社（転貸人・新貸主）」という記載につき、新管理業者の担当者に確認をした際になされた発言である。

新オーナー（個人）は利殖目的で購入しただけで、直接の契約関係に立つのが面倒なので、管理業者が一括賃貸を依頼されたとのことである。このような不動産投資に係るニーズは珍しいことではないだろう。しかし、新築の1棟借りと異なり、現入居者・テナントがいる物件に関しては、勝手にサブリース形態に移行できるわけではない（空室に関しては可能である）。

まず、賃貸物件の譲渡に伴って、既存の賃貸借契約はどう扱われるか、確認しよう。譲渡人と譲受人は、その合意により譲受人に賃貸人の地位を移転することができる（民605条の3）。また、そのような合意がなくても対抗要件を具備する入居者（登記（民605条）のほか、入居や鍵の交付で足りる（借地借家法31条））との関係では、新所有者に賃貸人の地位は移転するとされ、いずれも賃借人の承諾は不要である（民605条の3後段・605条の2第1項）。

加えて、旧所有者が賃貸人の地位にとどまることも可能である（民605条の2第2項）。収益物件として購入した新所有者が賃貸人としての地位を欲せず、管理を旧所有者に委ねる場合に対応したものである。この場合において、譲渡人と譲受人またはその承継人の間の賃貸借が終了した場合は、譲受人または承継人に賃貸人たる地位は移転する。

---

(1)　実際は、平成29年改正民法施行前の契約であり旧民法が適用される（改正法附則34条1項）が、同条は判例（最判昭46・4・23民集25巻3号388頁「賃貸人の義務は賃貸人が何ぴとであるかによつて履行方法が特に異なるわけのものではなく……新所有者にその義務の承継を認めることがむしろ賃借人にとつて有利」とし、原則「賃借人の承諾を必要とせず、旧所有者と新所有者間の契約をもつてこれをなすことができる」）を条文化したもので、結論は同じになる。なお、賃借人が対抗要件を具備していない場合も、不動産の譲渡－譲受人間の合意により移転する。

(2)　賃料請求には、新所有者が所有権移転登記を備える必要がある（最判昭49・3・19民集28巻2号525頁）。

(3)　賃借人への通知も不要である（最判昭33・9・18民集12巻13号2040頁）。

(4)　本条も旧民法で形成された判例（大判大10・5・30民録27輯1013頁「其舊所有者ト賃借人トノ間ニ存在シタル賃貸借關係ハ法律上當然其新所有者ト賃借人間ニ移リ新所有者ハ舊所有者ノ賃貸借契約上ノ地位ヲ承繼」、最判昭39・8・28民集18巻7号1354頁）を条文化したものであり、結論は本文と同様となる。

　さて、冒頭の件に戻ると、新所有者が賃貸人の地位を承継したうえで、管理業者との間で賃貸借契約を締結したのであれば、二重賃貸借となる。この場合、賃借権の優劣は対抗要件具備で決せられ（民605条）[5]、現入居者が管理業者に対して賃借権を主張できる（契約当事者である賃貸人に対しては当然主張できる）。

　そもそも、賃貸人の側が交替する形で転貸借関係を設定しようと思えば[6]、賃借人の承諾を要する契約上の地位の移転（民539条の2）または債権者交替の更改契約（民515条1項）による必要がある。転貸借関係では、原賃貸借が賃借人の債務不履行により解除された場合、転貸借契約が履行不能に陥ってしまい、最悪、建物引渡しを求められることもありうる[7]。このような不利な状態を、賃借人の同意なくもたらすことはできない。

　しかし、入居者が、通知書に従って賃料を支払ってしまうと、黙示の同意をしたと評価されかねない。そのため新所有者との間の賃貸借関係の存在、すなわち管理業者は管理受託したにすぎないことの確認をとる必要が出てくる。もっとも、転貸借関係のリスクにつき説明がないままの入居者の同意は、錯誤・誤認取消しや、説明義務違反による賠償責任も生じうることからすれば、管理業者にもリスクがあろう。

　ところで、本件の最大の問題は、客観的な法律関係・状態がどうであれ、冒頭のような説明を専門業者から受けると、法律に詳しくなければ、そのまま話が進んでしまうところにある。担当者が宅地建物取引士や賃貸不動産経営管理士の有資格者であれば、なおさらである。

　このような事例（あくまで例外と思いたいが……）に出合うと、入居者＝消

---

(5)　平成29年改正前の同条は「物権を取得した者」への対抗力しか定めておらず、同改正では「その他の第三者」を付加することで、二重賃貸人における対抗要件であることを明確にしたが、この扱いは従前の判例（最判昭28・12・18民集7巻12号1515頁）、通説（星野英一『借地借家法』（有斐閣、1969年）432頁）によるところである。
(6)　転貸借の設定は、賃借人を起点にして、賃借人の賃借権の範囲でさらに賃貸借をなすものであり、適法に行うためには原則賃貸人の承諾を必要とする（民612条1項）。
(7)　正確には、「賃貸借契約が転貸人の債務不履行を理由とする解除により終了した場合、賃貸人の承諾のある転貸借は、原則として、賃貸人が転借人に対して目的物の返還を請求した時に、転貸人の転借人に対する債務の履行不能により終了する」（最判平9・2・25民集51巻2号398頁）。

費者が居住の安定を得るため、賃貸住宅管理サービスを提供する業者の健全さを確保することが課題として浮かび上がる。そこで本稿では、賃貸住宅管理に係る問題性につき、近時制定された賃貸住宅管理業適正化法の概要、民事関係への影響等につき若干の考察を行いたい。

2　住宅管理の実情

まず、住宅がどの程度賃貸借により賄われているか、賃貸住宅管理業の実情について確認する。

(1)　住宅の形態と管理

わが国における住宅の形態は、総務省統計局「平成30年住宅・土地統計調査」によると、一戸建て2876万戸、共同住宅2334万戸、長屋141万戸であり、借家率は35.6％（民間借家が住宅全体の28.5％）となっている。

一戸建の持ち家は通常、所有者自らが管理を行い、建物使用に不具合が生じるなど、必要に応じて点検、業者に修補や耐震化の工事を依頼するのが一般的と考えられる。仮に、原始的に不具合があれば、売主または請負人に対する住宅瑕疵紛争として現れる。

戸建住宅が共有の場合、その使用や処分につき共有者間での調整が必要となる。必要な修繕は、保存行為として共有者の1人でもすることができ（民252条ただし書）、費用は持分割合に応じての負担となる（民253条1項）。他方で、各共有者は自らの持分権に基づき、共有物全体を使用収益する権限を有する（民249条）ため、1人が無断で独占使用する場合に返還には困難が伴う。最終的には、価格賠償の方法による分割請求で対応することになろう（民256条）。

共同住宅の持ち家の場合、1棟の所有者が一人の場合は、管理に問題は生

---

(8)　総務省統計局「平成30年住宅・土地統計調査 住宅数概数集計 結果の概要」（2019年4月26日）より。
(9)　平成25年調査では一戸建が2860万戸、共同住宅2209万戸、長屋129万戸、持ち家率は61.9％、借家率35.4％（民間借家が全体の28％）であり、借家率が微増している。

じないが、共有であれば上述の問題が生じる。そして、マンション（区分所有建物）の場合には、専有部分の区分所有法による団体的規律がかかる。⁽¹²⁾

　このような管理関係の違いは、借家関係にも影響する。一戸建てにせよ共同住宅にせよ、借主が単独所有である場合は、権利義務は単純である。共有の場合は、第三者と賃貸借契約等を締結するには持分の過半数で決定する必要がある（民252条「管理に関する事項」にあたる。なお、長期賃貸借は処分に近いため「売買」（民251条）全員の同意が必要と解されている）。

　区分所有建物では、区分所有者の管理権限自体に制約がかかり、賃借人も団体関係に組み込まれる。すなわち、賃借人は、建物等の使用方法につき賃貸人である区分所有者等と同様の地位に立ち（区分所有6条3項）、マンションの管理規約や集会決議に従うことになる（区分所有46条2項）。⁽¹³⁾そして建物等の使用方法に関する規約の改訂等、利害関係を有する場合には、集会への出席、意見陳述を行うことができる（区分所有44条1項）。他方、賃借人が区分所有者の共同生活に著しい支障を生じさせた場合、賃貸借契約の解除および引渡し請求等を受けることもある（区分所有60条）。

　もっとも、マンションの管理主体は管理組合とされるが、⁽¹⁴⁾実際の事務は委託されることが多く、⁽¹⁵⁾マンション管理適正化法による法規制がある。

---

(10)　「共有物を現に占有する前記少数持分権者に対し、当然にその明渡を請求することができるものではない。……少数持分権者は自己の持分によつて、共有物を使用収益する権原を有し、これに基づいて共有物を占有する」からとし、多数持分権者の明渡請求には、その理由の主張立証が必要とした（最判昭41・5・19民集20巻5号947頁）。なお、「持分割合に応じて占有部分に係る地代相当額の不当利得金ないし損害賠償金」は請求可能とされる（最判平12・4・7判時1713号50頁）。

(11)　「共有者間の実質的公平を害しないと認められる特段の事情が存するとき」に単独所有または数人の共有とし、他の共有者に持分価格を賠償させる全面的価格賠償の方法による分割も許される（最一小判平8・10・31民集50巻9号2563頁）。

(12)　マンションにおける管理は、管理組合（区分所有団体：区分所有3条）または管理組合法人（区分所有47条）が行い、権利能力なき社団である管理組合と構成員である区分所有者との関係は委任類似の関係12、管理組合法人と区分所有者との間は社員関係ということになる。

(13)　国土交通省住宅局「マンション標準管理規約」（単棟型、複合用途型、団地型）で、専有部分の貸与に関して「この規約及び使用細則に定める事項をその第三者に遵守させなければならない」（19条1項）としている。

(14)　マンション管理適正化法3条に基づき定められた「マンションの管理の適正化に関する指針」（平13年8月1日国土交通省告示1288号、最終改正平成28年3月14日同告示490号）参照。

　ところで、本稿の主対象は、区分所有建物ではない共同住宅における独立区画の賃貸借である。この場合、建物の一部の賃貸借となり、用途にかかわらず借地借家法の適用対象であり、借家権として保護される。また、廊下などの共用部分や敷地、郵便受けなど付属設備も、各部分の賃貸借の対象となりうる。

(2)　賃貸住宅管理の分類

　賃貸住宅管理は、住宅自体の維持管理や、賃貸借契約が内包する賃借人に対する各種サービス給付の提供、契約の管理、さらに賃貸借の収益権能に着目した投資スキームの一要素として組み入れられるものなどが考えられる。

　特定物であるハードとしての住宅の維持管理という観点からは、保守点検・清掃サービス、警備、老朽化対策、耐震化工事等、狭義の管理行為に該当するものがある。これは、賃借人が物件の使用収益を可能とする状態を維持する意味で、賃借人のためにもなるが、法的には間接的なものである。建替えに至る場合は、賃貸借契約の終了が必要となるため、法律事務が必要となってくる。

　また、住宅の用途を視野に入れると、顧客システムと連係する特殊サービスをどのように整理するかが問題となるが、当該サービスに重点が置かれて

⒂　国土交通省住宅局市街地建築課マンション政策室「平成30年度マンション総合調査結果報告書」（2019年４月）の「Ⅱ．平成30年度マンション総合調査結果〔概要編〕」によると、基幹事務を含めすべての管理事務を管理業者に委託が74.1％、管理組合がすべて行っているは6.8％にとどまる。なお、管理会社による管理の状況につき丸山英氣『区分所有法』（信山社、2020年）36頁以下・164頁以下参照。

⒃　「障壁その他によつて他の部分と区画され、独占的排他的支配が可能な構造・規模を有するものは、借家法１条にいう『建物』である」（最判昭42・6・2民集21巻6号1433頁）。

⒄　基本的に契約解釈（民87条2項）から、共同部分や敷地、付属設備等も賃貸借の対象となる。なお、商店施設におけるトイレや水道設備につき、使用貸借の成立を認めた事例（東京地判昭32・11・20判時135号22頁）がある。

⒅　共同住宅におけるLPガス設備に関して、賃貸人において廉価で設置する供給業者を選定し、入居者の利用料金に転嫁させる手法が問題となっている（経産省総合資源エネルギー調査会「資源・燃料分科会液化石油ガス流通ワーキンググループ報告書」（2016年5月）14頁）。資源エネ庁資源・燃料部「液化石油ガスの小売営業における取引適正化指針」（2017年2月22日、2018年2月22日改定）などで、一戸建てと集合住宅の料金格差や入居者への転嫁情報を入手できるよう促している。

いる場合、住宅管理業と別個に把握するのが妥当である。

　たとえば、主に高齢者等につき状況把握や生活相談等のサービスが付随する場合もあるが、別事業者による身元保証サービス[20]とは切り離して考えればよい。そして、同サービスを組み込んだサービス付き高齢者住宅（高齢者住まい5条1項）、食事提供や介護がつく有料老人ホーム（老人福祉29条）に関しては、福祉サービスに重点があり、実際も老人福祉法等の規律を参照すればよい。

　次に、契約管理の観点から、勧誘・締結・期中管理・賃料請求・更新・敷金保全事務などがある。単なる事務の通知や賃料等の督促といった段階では一般事業会社が行っても問題はない。しかし、紛争が生じた場合には弁護士に委任して処理する必要がある（非弁行為の禁止（弁72条））[21]。

　そして収益事業の観点からは、不動産信託やそれを介した投資商品組成[22]（J-REIT 等）、出資を募り、収益を分配する不動産特定共同事業、サブリース業があげられる。この類型は、投資事業の企画や助言等を含む、コンサルティング業務に重点が置かれ、物件からの収益性確保のため専門業者が介在・関与する複合取引である[23]。さらに大手デベロッパーは、エリアマネジメ

---

⑲　病院、公立施設、宿泊施設、獣医学部等に求められる特殊設備を維持するサービスなど。たとえば、ホテル内で営業する飲食店につき、建物転貸借兼業務委託契約を認め、運営会社との協働関係を認めた事例（東京地判平26・12・1 D1-Law 文献番号29045254。ただし各請求を棄却している）がある。なお、居住専用住宅は5098万2000戸（居住世帯のある住宅の97.8%）に対し、店舗等併用住宅は112万1000戸（同2.2%）にすぎない（総務省統計局「日本の住宅・土地——平成25年住宅・土地統計調査の解説——結果の解説」第2章1「住宅の種類、建て方及び構造」）。

⑳　身元保証法にいう身元保証と異なり、診療代金や入院費、施設利用料、賃料、損害賠償等の債務保証のほか、日常生活支援（福祉サービスの利用や行政手続等の援助、日常的金銭管理等）や安否確認・緊急時の親族への連絡、施設の利用料の精算、遺体・品の引取りや葬儀等の死後事務などを指す（消費者委員会「身元保証等高齢者サポート事業に関する消費者問題についての建議」（2017年1月）参照）。また、近時、遺品整理サービス業の問題性が指摘されている（国民生活センター「こんなはずじゃなかった！　遺品整理サービスでの契約トラブル」（2018年7月19日）、総務省行政評価局「遺品整理のサービスをめぐる現状に関する調査結果報告書」（2020年3月））。

㉑　非弁提携行為は罰則の対象となる（弁77条）。賃借人立退き業務を、報酬と立退料等の経費を区分せずに受領し受託した事例で、立退き合意の成否、時期、金額をめぐり「交渉において解決しなければならない法的紛議が生ずることがほぼ不可避である案件」とし、弁護士法72条違反を認めている（最判平22・7・20刑集64巻5号793頁）。

㉒　江頭憲治郎『商取引法〔第8版〕』（弘文堂、2018年）556頁

ントやタウンマネジメントを含む都市計画・開発に及んでいる。

　もっとも、投資家保護の観点からも規制の要否には強弱があり、証券の小
口化がなされる REIT では投資信託法での業規制（投信2条1項・3条以下）
に加え、金融商品取引法の適用がある。組合等による出資配当を行うものは
不動産特定共同事業法が許可制を設けている。これに対して、個別の資産運
用の側面が強い、管理型信託（信託業2条3項）には金融庁の3年ごとの登
録（信託業7条1項）が必要とされる。また、サブリースは、不動産所有者
の遊休資産活用だけでなく、ランドセット（不動産取得と建築請負を組み合わ
せたもの）取引もあり投資の性格が強くなっているが、登録制度による開業
規制および行為規制にとどまる。

　これらから、何をもって賃貸住宅管理として把握するのかは問題である。
賃貸借契約レベルでもさまざまなサービス給付が内包ないし付随しており、
収益事業にあっても収益源となる賃貸住宅の管理が必要である。そして、そ
の一部分を切り出し、他者に委ねることが行われている。

　結局、入居者＝消費者に着目すると、業務内容から（ハードの）物件管理
と契約管理とを分け、また法的形態として受託管理と、転貸借の形式をとる
サブリース型で把握することが便宜だろう。

　なお、現実の賃貸住宅管理業は、管理業者が行う業務として、契約管理が
8割台であるのに対して、物件管理は約4割となっている。また、サブリー
ス[24]では、建物管理を併せて行う事業者が73.3%、加えて賃貸住宅販売を行う
のが20.9%、同じく建築請負も行うのが20.1%、土地販売の紹介や販売を行
うのが16.4%となっている。管理物件の中で、サブリースと建物管理を併せ

(23)　角田美穂子「賃借人のシルエット──消費者法の視座から」松尾弘＝山野目章夫編
　　『不動産賃貸借の課題と展望』（商事法務、2012年）157頁
(24)　苦情対応89.1%、敷金精算・原状回復88.6%、契約更新84.3%、空室管理82.9%
　　（国土交通省土地・建設産業局不動産課「賃貸住宅管理業務に関するアンケート調
　　査（管理業者）の調査結果（詳細版）」14頁。他に家主版および入居者版がまとめら
　　れている（国土交通省ウェブサイト〈https://www.mlit.go.jp/totikensangyo/const/
　　sosei_const_tk3_000163.html〉〔令和3年1月19日最終閲覧〕））。
(25)　維持管理・修繕（設備点検等）は45.4%、再委託が30.1%、同じく清掃は受託・実
　　施38.9%、再委託35.9%（国交省・前注）
(26)　国交省・前掲注(24)19頁以下。

て行うのが60.3%で、一般的な形態とのことである。

(3) 家賃債務保証業

　賃貸借契約では通常、賃料支払債務や損害賠償債務について保証を求められる。近時では、保証会社（家賃債務保証業者）による保証が義務づけられることも多い。

　本来的には、賃貸住宅管理にかかわらない業態のはずだが、実際は、借主の賃料の支払遅滞時に、保証委託契約上の事前求償権行使の形をとり、実質的に債権回収を行ったり、また保証契約上の条項により貸主の権限を付与され、代行することを通して、賃貸借契約上生ずる権利義務を行使するなど、実質的に賃貸住宅管理を行う例がある。

　具体的には、家賃債務保証業者が、貸主または借主を含めた三面契約において、自力救済条項や解除権付与条項を定めておくことによって、いわゆる追出しを図ることが社会問題化した。自力救済条項に基づき、家財搬出や鍵の交換などの手段に出た事例では、同条項を公序良俗違反と評価し、不法行為責任を認めた裁判例（浦和地判平 6・4・22判タ874号231頁、札幌地判平11・12・24判時1725号160頁）がみられる。しかし、解除権付与条項の消費者契約法10条違反は否定するものがある（後述）。

　追出し事例の社会問題化を受け、第174回国会では「賃借人の居住の安定を確保するための家賃債務保証業の業務の適正化及び家賃等の取立て行為の規制等に関する法律案」が提出されたが、審議未了で廃案となった。

　その後、国土交通省の「家賃債務保証業者登録規程」（平成29年国土交通省告示第898号）による任意の登録制度が発足している。内容としては、登録業者（3条1項）に対し、業務に係る内部規則、組織体制に関する事項、求償権の行使方法に関する事項を記載した書類の提出（4条2項）、賃借人その他の者の権利利益を侵害することがないよう、適正にその業務を行うこと（11条）、契約締結前および契約締結時の書面の交付、説明（17条・18条）、求償権行使時の書面の交付等（19条）、帳簿の備付け（20条）、求償権譲渡の規制（23条）などを義務づけている。

3　管理業規制の動向

　令和 2 年 6 月12日、「賃貸住宅の管理業務等の適正化に関する法律」（令和
2 年法律第60号。以下、「適正化法」という）が成立、同月19日に公布された。
公布から 1 年以内に全面的に施行される（施行附則 1 条。サブリース関係の規
定は令和 2 年12月15日施行：令和 2 年政令312号）。ここでは、同法までの流れ
と内容を概観する。

(1)　登録制度の創設

　平成10年、住宅宅地審議会で、賃貸住宅産業の健全育成、消費者保護の観
点に立つ賃貸住宅管理業務ルールの確立などが必要と指摘され[27]、「21世紀の
豊かな生活を支える住宅・宅地政策について（答申）」（2000年 6 月21日）で
も触れられている[28]。

　その後、平成22年の社会資本整備審議会産業分科会不動産部会で宅地建物
取引業法等に類する法制化も議論され[29]、とりあえず任意の登録制度を創設し、
事業者における自助努力を促す形になった[30]。

　結果、平成23年12月、国土交通省の告示による「賃貸住宅管理業者登録規
程」（平成23年 9 月30日国土交通省告示第998号）（以下、「登録規程」という）に

---

[27]　住宅宅地審議会住宅部会基本問題小委員会「今後の賃貸住宅政策の方向について
──中間報告──」（1998年 8 月）〈https://www.mlit.go.jp/jutakukentiku/house/sin
gi/jyutaku/chintaiseisaku.htm〉。

[28]　住宅宅地審議会住宅部会宅地部会「21世紀の豊かな生活を支える住宅・宅地政策に
ついて（中間報告）」（1999年 9 月）〈https://www.mlit.go.jp/jutakukentiku/house/
press/h11/110920-3.htm〉を経て、同答申（2000年 6 月21日）〈https://www.mlit.
go.jp/jutakukentiku/house/press/h12/120621-1.pdf〉に至っている。

[29]　社会資本整備審議会産業分科会不動産部会「賃貸不動産管理業の適正化のための制
度について（これまでの議論を踏まえた整理）」（2010年 2 月 3 日）〈https://www.
mlit.go.jp/common/000055958.pdf〉では、現時点で「②告示などによる任意の登録
制度」試行とした。

[30]　社会資本整備審議会産業分科会第25回不動産部会では、運営コスト増加に懸念を示
す意見がある一方、任意登録の効果に疑問が呈され、法制化したほうが事業者として
も説明しやすいなど積極意見が多かったが、結局、当面の対応として任意登録制度
導入の方向性でまとまった（同議事概要）。

より任意の登録制度が開始された。また、同時に登録業者の業務適正化に関する「賃貸住宅管理業務処理準則」(同999号。以下、「業務処理準則」という)が策定された。

　内容面では、まず対象とする賃貸住宅の管理事務に関して、「賃貸住宅の賃貸人から委託を受けて行う当該賃貸住宅の管理に関する事務又は賃貸住宅を転貸する者が行う当該住宅の管理に関する事務(賃貸人として行う事務を含む。)であって、基幹事務のうち少なくとも一の事務を含むものをいう」(登録規程2条1項)とし、基幹事務につき「家賃、敷金等の受領に係る事務、賃貸借契約の更新に係る事務又は賃貸借契約の終了に係る事務をいう」(同条2項)としている。

　すなわち、法律(契約管理)事務(賃料受領、契約更新・終了事務等)、運営・調整事務(設備点検、維持管理、問合せ・苦情対応等)の全部または一部をもって、賃貸住宅管理ととらえている。また、経済的に同一の実態を有するサブリースも含むものとなっている。

　登録規程では入居者＝消費者は登場しないが、業務処理準則では、賃貸住宅管理業者に管理受託契約締結時に賃借人への書面交付を義務づけている(7条1項)。また、サブリース業者については転借人に対し、転貸借契約締結までに宅地建物取引業法35条の重要事項の一部、締結時に同法37条2項各号を記載した書面の交付をするものとされる(8条・10条)。登録業者を規律する準則に違反があった場合は、登録取消しという不利益および当該事実の公表という情報手法による規制となっている。(31)

(2)　制度の見直し

　登録制度導入後、公益財団法人日本賃貸住宅管理協会(日管協)の預り金保証制度に加入する者によるサブリース事業者協議会や、民間資格である賃貸不動産経営管理士制度などが立ち上げられ、業界からは国家資格化が要望された。

　平成28年の登録規程および業務処理準則改正では、6年以上の実務経験者

---

(31)　国土交通省ウェブサイト「ネガティブ情報等検索サイト」〈https://www.mlit.go.jp/nega-inf/〉。全件掲載されているのかは不明である。

または同等の者として経営管理士を、事務所ごとに置くことが必要とされた（登録規程7条2号）[32]。これにより、一定の知識を有する者が対応する態勢が用意され、賃貸・借人保護が図られる方向が示された。

　さらに、平成30年3月30日に国土交通省は「賃貸住宅管理標準管理委託契約書」を策定している。これは平成6年策定の「住宅の標準賃貸借代理及び管理委託契約書」を改訂するもので、管理委託に限定し、登録規程や民法改正の内容を反映している[33]。また、管理業務の範囲を「①契約管理業務（賃料等の徴収、運営·調整、契約更新、契約終了の業務)」「②清掃業務（目的物件の共用部分、屋外等の各種清掃業務)」「③設備管理業務（建物、屋外施設、電気設備等の点検等の業務)」「④特約業務」と整理している。

　また同日、平成24年2月に策定された「サブリース住宅原賃貸借標準契約書」も改定された。民法改正やサブリース問題を受けた改訂（賃料改定時期の明確化、サブリース業者から解約できない期間の設定、賃貸不動産経営管理士等の記名押印欄の追加、民泊事業対応等）を行ったものである。

　加えて、平成5年1月29日付けで作成された「賃貸住宅標準契約書」[34]も改定されている。従来の「連帯保証人型」に極度額の記載欄を設けたほか[35]、「家賃債務保証業者型」を新たに作成している。同契約書には、管理業者の記載があり、連絡先や登録業者であれば、賃借人においてその旨がわかるような内容となっている。そのため、同標準契約書もしくは準じた契約書を使用する場合に、管理業者の存否は明確となる。

---

(32)　一般社団法人賃貸不動産経営管理士協議会の賃貸不動産管理士資格制度運営規程17条による試験に合格し、同31条に基づく登録を受けた者が国土交通省に認定される。

(33)　代理業務と併せて管理を行うことが少なく、別途「住宅の標準賃貸借代理契約書」があることなどが理由とされる。国土交通省土地建設産業局不動産業課プレスリリース「『賃貸住宅標準管理委託契約書』を策定しました」（2018年3月30日）参照。

(34)　住宅宅地審議会答申「賃貸住宅標準契約書について」（1993年1月29日）を受けて作成されている。

(35)　国土交通省住宅局住宅総合整備課「極度額に関する参考資料」（2018年3月30日）。また、一部使用不能の場合の減額に関して、賃貸借トラブルに係る相談対応研究会「民間賃貸住宅に関する相談対応事例集」が公表されている。

(3) 法制化の議論

当初より、任意の制度であるがゆえに、大手でも登録しない者がおり、また周知度の低さから消費者にとって選好に寄与していない限界が指摘されていた。実際に、賃貸住宅管理業者の登録事業者数は4287で、管理戸数は民間借家の約4割にあたる749万（いずれも平成28年末）に上るが、業務処理準則が定める事務は、必ずしも全部が行われるものではなく、書面交付や家賃等の分別管理等も約7割相当にとどまっていた。[36]

他方で、個人オーナーの高齢化や相続による兼業が増え、空き家が432万7000戸（平成30年）に上るなど自主管理が困難な状況が進み、他方で賃貸住宅管理業者と賃貸人間の紛争（賃料送金の遅滞、根拠不明な管理報酬との相殺、賃借人への敷金返還がされない、重要事項説明や書面交付がなされない、修繕実施などの状況報告がない）[37]が増加しており、法制化の必要が唱えられた。

そして、不十分な事業計画やサブリース業者が、ある顧客の事業計画の前提を壊すような勧誘（同一地域内でのサブリース物件の建設等）を行い、長期間の家賃保証をうたいながら、借地借家法32条による減額請求をし、応じなければ更新しないなどの対応により、貸主が不測の損害を受けるなど、サブリース問題の再燃が起きていた。[38]

平成27年の相続税法改正に基づく基礎控除額引下げを契機に、節税手法としてのサブリースの勧誘が活発化、低金利下で貸付先を探す金融機関も関与し、ランドセットの契約に至る者も多く出ていた。平成30年には登録していなかった大手事業者（レオパレス）による施工不良や、シェアハウスのサブリース業者（かぼちゃの馬車）の破綻が社会問題化した。[39]

---

(36) 国土交通省賃貸住宅管理業者登録制度に係る検討委員会第3回資料2－3、スライド16枚目。
(37) 国交省・前掲注(24)「アンケート調査（家主版）」12頁以下。
(38) たとえば、国民生活センターの「国民生活（2014 No.5）」は「不動産サブリース問題の現状」と特集を組み、また「大きなリスクも！『アパートを建てませんか』という勧誘にご注意！」（2018年10月23日）と周知している。飯田周作＝小池輝明「動産、不動産の賃貸借による投資勧誘トラブルの実情」現消45号（2019年）76頁参照。
(39) 河合弘之「スルガ銀行・シェアハウス事件の被害者救済スキーム」NBL1178号（2020年）53頁で救済までの流れが詳しい。

それらと同時並行的に社会資本整備審議会で議論が進み、「今後の賃貸住宅管理業のあり方に関する提言」（平成30年10月）、同不動産部会「不動産業ビジョン2030」（平成31年4月）で法制化の方向性が打ち出され[40]、令和2年3月6日に賃貸住宅管理業適正化法案（第201回国会閣法44号）が内閣より国会に提出され、同年5月26日に衆議院を通過、同年6月12日に参議院で可決、同月19日に公布されるに至った。

　その後、令和2年10月16日に、賃貸住宅管理業適正化法施行令、賃貸住宅管理業適正化法施行規則の公布、「サブリース事業に係る適正な業務のためのガイドライン」（以下、「ガイドライン」という）、「賃貸住宅の管理業務等の適正化に関する法律の解釈・運用の考え方」（以下、「解釈・運用の考え方」という）、同年12月15日には「特定転貸事業者等の違反行為に対する監督処分の基準」（以下、「監督処分の基準」という）が公表されている[41]。

4　適正化法の概要

　適正化法は、賃貸住宅管理業とサブリース（特定転貸借）関係の2本の規律により構成される。前者は、登録制度を中心に、業務処理の適正化手法を示し、それを担保するため行政上の措置および罰則が用意されている。ただし、受託管理契約を軸にしており、基本的に入居者＝消費者は登場しない。後者はサブリースのマスターリース契約の契約締結過程の適正化のための行為規制であり、行政上の措置、罰則による担保が予定されている。

　このように適正化法は、賃貸住宅管理に関する問題すべてを網羅するものではないが、相当部分をカバーするものとなっている。以下に、簡単に内容を確認していく。

---

(40)　国土交通省ウェブサイト〈https://www.mlit.go.jp/common/001258658.pdf〉（令和2年10月31日最終閲覧）。同ビジョン50頁に「中小規模事業者に配慮し、法制化も視野に入れた検討を進めるべき」との記載がある。
(41)　国土交通省ウェブサイト「賃貸住宅管理業法　法律、政省令、解釈・運用の考え方、ガイドラインについて」に各種情報が掲載されている〈https://www.mlit.go.jp/tochi_fudousan_kensetsugyo/const/tochi_fudousan_kensetsugyo_const_tk3_000001_00004.html〉（令和3年1月19日最終閲覧）。

(1)　規律内容

　法の目的（適正化1条）は、「賃貸住宅管理業を営む者に係る登録制度を設け、その業務の適正な運営を確保」「特定転貸借契約の適正化のための措置等を講じること」により、良好な居住環境を備えた賃貸住宅の安定的な確保を図ることである。すなわち、オーナー高齢化や相続による兼業などで管理委託及び紛争の増加、サブリース問題などへの対応のため、管理業の登録制度の義務化とサブリースへの行政規制の導入である[42]。

　定義規定（適正化2条）で、「賃貸住宅」（同条1項）は「賃貸の用に供する住宅（人の居住の用に供する家屋又は家屋の部分をいう。……）」とされ[43]、「賃貸住宅管理業」（同条2項）は「賃貸住宅の賃貸人から委託を受けて」賃貸住宅の維持保全業務（一号業務）、および、それと併せて行う金銭管理業務（二号業務）を行うものとしている。なお、一号業務は、賃貸人のための維持保全業務の委託契約締結の媒介、取次、代理業務も含む。

　維持保全業務に関しては、賃貸住宅の使用全般にかかわる点検、修繕を一貫して行うことをいい、使用に係る一部のみを行う場合（たとえば、清掃、エレベーターの保守点検、警備等）は、継続的に行うとしても同業務にはあたらない[44]。

　また、サブリースのマスターリース契約を「特定賃貸借契約」（適正化2条4項）として、「賃貸住宅の賃貸借契約……であって、賃借人が当該賃貸住宅を第三者に転貸する事業を営むことを目的として締結されるもの」と定義する。また、同契約に基づき賃借して第三者に転貸事業を営む者（サブリース事業者）を「特定転貸事業者」（同条5項）とする。

　なお、関連会社等に管理を委ねる賃貸借などには規制は不要であり、「賃借人が人的関係、資本関係その他の関係において賃貸人と密接な関係を有する者」を国土交通省令で定めて除外する（適正化2条4項、適正化規2条[45]）。

(42)　古谷俊英＝木幡隆介「『賃貸住宅の管理業務等の適正化に関する法律』の解説」金法2152号（2020年）38頁、大谷知久「賃貸住宅管理業務等の健全化に向けた法整備」立法と調査427号（2020年）162頁、向田敏「消費者情報」現消49号（2020年）118頁。
(43)　解釈・運用の考え方1頁。
(44)　解釈・運用の考え方2頁。

賃貸住宅管理業に関しては、5年更新の登録制度（適正化3条）を中心に、業務処理の原則、業務管理者の選任、管理受託契約の締結前・時の書面交付（電磁的記録による提供可）、受領した金銭の分別管理に関する規律等（同法10条以下）、それらに反した場合の業務改善命令や登録取消し等の行政上の措置（同法22条以下）、罰則（同法41条以下）を用意している。

また、サブリース関係では、誇大広告や不当勧誘等の禁止（適正化法28条・29条）、契約締結前・時の書面交付（同法30条・31条。電磁的記録による提供可）により、特定賃貸借契約の適正化と、それを担保するため指示・業務停止・調査等の行政上の措置（同法33条・34条・36条）が用意されている。なお、サブリース適正化のため「何人も…必要があると認めるときは」国土交通大臣に申告することができる（同法35条1項）。罰則も同様である。

(2) 評 価

まず、登録義務化、サブリースの行為規制導入、ガイドラインによる具体化を通じ、業界全体の法令遵守体制の底上げに寄与することが期待される。ただ、行政法規であるため解釈が厳格になる可能性があること、硬直的な対応しかされないおそれがあるのは、他の業法と変わらない。

また、民事的効力を定める規定がないため、法違反の効果を民事関係に転化するためにはもう一段階の検討が必要である。

従前の任意登録制度と大きく異なる点として、対象となる賃貸住宅管理業が、契約管理から物件管理を中心とする形に変わったことがあげられる。おそらく実際にも代理業務と管理業務を併せて行うものが一般的でないとされており、従来の登録規程では主たる対象であった法的管理を、適正化法で従たるものとして構成し、宅地建物取引業との重複を避ける趣旨と思われる。

---

(45) 解釈・運用の考え方2頁以下。
(46) 地元密着の信頼されている小規模の管理業者に負担を課さないよう、国土交通省令で定める規模未満の事業者は登録義務を免除される（適正化3条1項ただし書）。義務除外の規模としては200戸が予定されている（第201回国会参議院国土交通委員会議録19号7頁ほか、政府参考人（青木由行・国土交通省土地・建設産業局長（当時））発言）。
(47) 「監督処分の基準」では、手続についても定めている。

　そして、金銭管理業務は割賦販売業者、資金決済業者などによることも予想され、割賦販売法、銀行法や資金決済法の規律との整合性を考える必要があり、分けたということだろうか。

　次に、入居者＝消費者の保護という観点では、より間接的になっている点が指摘しうる。少なくとも、業務処理準則7条・8条・10条では、入居者である「賃借人」に対する書面交付が定められていたが、適正化法には存在しない。もっとも国会審議で、目的規定（同法1条）の「賃貸住宅の入居者の居住の安定の確保……を図る」ことは、賃貸人に対する関係で管理業者を規律することで、間接的に入居者の利益を保護することが確認されている。

　したがって、民事上入居者に対する説明や誠実遵守の義務などが導かれる素地はあるといえそうである。また、実際は、賃貸借契約や賃貸住宅管理契約に関する標準契約書・ガイドラインに、所要の修正を加えて、引き継ぐことで規律していくことにはなりそうである（先行して施行されるサブリース関係について解釈・運用の考え方もまとめられているが、管理業登録制度部分に関しては未定の部分が多い）。

　もう1点、分別管理措置の不十分さは変わらない。適正化法10条以下は、同措置を課しているが、あくまで、賃貸人への支払遅延・不払いトラブル防止に主眼が置かれており、帳簿上分別されていればよいとのことである[49]。

　平成12年の住宅審議会答申でも、敷金の保全措置の必要性が説かれていたが、特に対応は考えられていない。特別口座での管理などで、擬制信託による管理業者の倒産からの隔離の可能性を図ることなど検討されてよかったと思われる。

---

(48) 宅地建物取引業法2条2号「宅地若しくは建物（建物の一部を含む。以下同じ。）の売買若しくは交換又は宅地若しくは建物の売買、交換若しくは貸借の代理若しくは媒介をする行為を業として行うものをいう」。

(49) 第201回国会参議院国土交通委員会会議録19号（2020年6月9日）10頁、政府参考人青木由行国交省土地・建設産業局長発言「契約ごとに出入りを区別して帳簿を作成するなど、管理業者の自己の財産あるいは他の管理受託契約に基づき受領いたします金銭と分別して管理する義務を課すことにいたした」「契約ごとに個別の台帳を作るところまでの規制を求めることは想定してございません。何らかの帳簿でしっかり区分して、入るお金、出るお金というのが整理されて、整然と整理されている、これを求めていきたいと思っております」。

　もっとも、銀行の経営環境をみると、口座維持のため今後手数料がかかるようになりつつあり、比較的小口の管理用口座開設を義務づけることは困難といえる。資金決済用の口座の活用や、業界団体による保険商品開発などの方向に進むことが期待される。

　最後に、実際の問題事例で登場する家賃債務保証や身元保証サービスなど周辺事業に関しては、対象とされていない点に注意が必要である。

5　管理委託契約と入居者

　ここでは入居者＝消費者と賃貸住宅管理業者は、どのような関係に立つのか、確認する。

(1)　管理委託契約

　物件所有者と賃貸住宅管理業者における事務委託は基本的に、法律事務に関しては委任契約（民643条）、物件管理事務は準委任契約（民656条）である。また、回数の決まった清掃や修理工事といった、明確な仕事結果の実現を目的とする請負契約（民632条）の場合がある。

　受託事務の内容は、基本的に基盤となる賃貸借契約に由来し、賃貸人の賃借人に対する目的物の使用収益をさせる義務と、賃料支払い・目的物返還の権利（民601条）の全部または一部につき、代理・代行を行うことになる。ただ、目的物を使用収益させる義務は、目的（用法）に沿った利用ができる状態を保持することを内容としており、さまざまな役務提供を包含する。

　サブリース型では、入居者＝消費者は転貸借契約の当事者になるので、サブリース業者が自己管理をするのであれば、直接の権利義務関係として処理される。他方、サブリース業者が物件管理を管理業者に委託する場合は、受託型と異なるところはない。

(2)　受託型における入居者の位置づけ

　この類型では、委託範囲が不明だったり、管理会社の対応に不備がある場合があり、何かしら賃借人の側から管理業者に直接権利行使できないかとい

う問題が生ずる。

　しかし、賃貸住宅管理契約において第三者である賃借人に直接の権利義務関係を認め得る構成には問題があり[51]、端的に管理業者は債務者である賃貸人の履行過程の一部を担う履行引受人としてとらえれば足りる。仮に、管理業者が修補や苦情に不対応の場合は、賃貸人の債務不履行と評価されることとなろう。

　もっとも敷金返還に限っては、債務引受構成のニーズがあるかもしれない。金銭返還と定型的なものであり、金額も差入額が上限となり、不測の損害を生ずることもない。ただ、専用口座などで管理されない限り、倒産隔離はできない。上述のとおり、業務処理準則16条、適正化法10条以下の要求する分別管理につき管理用口座等の開設まで立法担当者は予定していない。

　また、適正化法で賃貸人において管理事務の明確化がされ、それが契約書等に反映されることが予定されており、管理事務の明確化は十分なされうる[52]。また平成29年改正民法で賃借人は、賃貸物件が損壊した場合などに、賃貸人に通知を行うなど修補の機会を与えても相当期間内になされない、または、急迫の事情がある場合は賃借人において修繕も可能となった（民607条の2）ため[53]、無理に管理業者への直接の権利行使を考える必要性は低くなっている。

(3) 履行引受けと責任

　賃貸住宅管理業者は基本的に、賃借人に対しては、賃貸人が負う債務の履行引受けと解するのが妥当だとすると、管理業者の不対応や不十分な対応に

---

(50) 国交省・前掲注(24)「アンケート調査（入居者版）」10頁以下。
(51) ①第三者のためにする契約（民537条）構成は、直接の給付請求権取得のための要件である、第三者＝賃借人の受益の意思表示（同条3項）を認め難く、賃貸人－住宅管理業者間の契約の債務不履行解除を妨げる地位（民538条2項）を賃借人に認めるべきでないため、採用し難い。次に、②(併存的)債務引受構成であれば、賃借人は管理業者と直接の契約関係になくても、管理業者の不十分な履行に対して直接の権利行使が可能だが、委任範囲が賃貸人の債務と異なりうるため、あまりメリットがないし、賃貸人の権限が義務履行に不可欠であり、独立の債務を管理業者が負うのは行き過ぎであり、この構成もとれない。
(52) サブリース住宅標準契約書について、2020年12月版が公表されており、従前どおり明記されている。
(53) 一部不能の場合に減額請求ができ、一部履行拒絶もできる。

つき賃借人からは債務者である賃貸人への責任追及を考えればよい。

　従前、履行過程の一部を第三者が担う場合の債務不履行責任の追及に関しては、当該契約における第三者の利用の許否（認められないのに利用すれば、それ自体が不履行とされる）、利用が許される場合には債務者の手足（被用者的）であると評価される履行補助者と、独立的に行動することが予定される履行代行者とで、区別がされてきた。

　そして、履行補助者であれば、債務者の行為に吸収され、信義則上債務者の故意過失と同視するものとされる（最判昭30・4・19民集9巻5号556頁）[54]一方、履行代行者に関しては、選任監督上の過失または信義則上同視しうる場合に債務不履行と評価するとされてきた。そして、契約でいずれとも決まっていない場合、履行補助・代行者と債務者を同視するという形であった。

　対して、平成29年改正民法は、「債務者の責めに帰すべき事由」（旧民415条ただし書）を「過失」と同視する考え方を改め、「契約その他の債務の発生原因及び取引上の社会通念に照らして債務者の責めに帰する」事由（民415条1項ただし書）としている。また、旧民法105条を削除することで、受任者の選任監督上の過失を責任の基準とする考えを否定している。

　そのため、履行引受けによる債務不履行責任は、契約の趣旨に照らして判断されることになる。したがって、賃貸人と賃貸住宅管理業者との委託契約を、賃貸借契約から生ずる各種履行の引受けと解することで、実質的な事務の統括者である管理業者の責任追及はできない。賃借人にとって契約相手方はあくまで賃貸人であり、管理業者とのやりとりは賃貸人の領域でやってもらうのが便宜であろう。

6　適正化法と民事関係

　適正化法はあくまでも、賃貸住宅管理業者・特定転貸事業者と賃貸住宅の賃貸人・原賃貸人との関係につき適正化措置を図る建付けとなっており、賃

---

[54]　賃借人の配偶者Aの失火により賃貸物件が焼失した事例で、Aを賃借人Xの履行補助者とし「民法415条にいわゆる債務者の責に帰すべき事由とは、債務者の故意過失だけでなく、履行補助者の故意過失をも含むものと解すべき」とした。

借人である居住者＝消費者を直接の対象とはしていない。そのため適正化法で設定された管理業者に関する行為規範が、ただちに賃貸借契約や賃借人に対する民事規範等に転化することにはならない。

　ただ、他の業法と同じく、賃貸住宅管理業およびサブリース業における行為規範を明らかにし、「取引上の社会通念」を介して契約規範に取り込む可能性がある。法の性質、構造は宅地建物取引業法と同じであり、参考になると考えられる。また、国土交通省令を介した業務処理準則および標準契約書の活用で、賃借人は反射的に保護を図られることになりそうである。

　たとえば、契約の更新・終了事務やサブリースにおける勧誘の際に、必要な情報を提供することに関する適正化法の行政的規律が、賃貸住宅管理委託契約およびマスターリース契約における民事的な義務に転化（内在化）しうるか、またそれがさらに、賃（転）貸借契約へと反映されるか、である。

　この点、適正化法28条・29条の誇大広告および不当勧誘等の禁止規範は、解釈・運用の考え方（6頁以下）、「サブリース事業に係る適正な業務のためのガイドライン」（以下、「サブリースガイドライン」という。9頁以下）に具体化されている。すなわち、オーナーへの支払額を一定期間、定額保証するかのような「家賃保証」、「空室保証」等の広告表示につき定期的見直しがある場合はその旨、また強行法規である借地借家法32条による減額請求がありうる旨を一体的に認識できるよう留意を促している。また規律が及ぶ勧誘者には、関連する建設業者、不動産会社、金融機関などが入りうる。

　この誇大広告・不当勧誘等の禁止規範の内容は、消費者契約法4条の不当勧誘取消権や特定商取引法の民事効規定における不実告知等に類似する。そ

---

(55)　適正化法はあくまで賃貸人と管理業者、物件所有者とサブリース業者の関係を規律するもので、入居者＝消費者は基本的に登場せず、構図が異なっている点が、上述のとおり、適正化法が入居者＝消費者保護を法目的に内包していることから克服できるとも考えられる。

(56)　第201回国会衆議院国土交通委員会（令和2年5月22日）および同参議院国土交通委員会（同年6月9日）になされた附帯決議を受け、消費者庁・国交省・金融庁が共同作成したパンフレット等を、消費者庁「サブリース契約に関するトラブルにご注意ください！」（消費者庁ウェブサイト〈https://www.caa.go.jp/policies/policy/consumer_policy/caution/caution_011/〉（令和3年1月19日最終閲覧））で見ることができる。

のため、投資を検討したことがない者が、サブリース事業者から上記に反する勧誘を受け、当該物件の存在する地域の状況などから事業計画の実現性が乏しいなど実体を欠くような例外的場合には、その締結したマスターリース契約の取消しを導くことはあり得よう。[57]

　事業のための取引でも、サブリース事業者とオーナーとの間の経験・知識の格差を前提に「判断に影響を及ぼす」事項についての故意の不告知や不実告知（適正化29条1号）、威迫、迷惑を覚えさせる時間帯の勧誘、困惑行為など（同条2号、適正化規4条、解釈・運用の考え方17頁）を明確に禁止し、契約締結への意思決定（自己決定）基盤の保護を目的とし、また事業目的を達成するために知るべき家賃の改定や契約解除事由などを重要事項説明の対象[58]とするなど（適正化30条）、いずれも民事上の説明義務に転化しうるものと考えられる。そして実際には、利回りなどを示して勧誘をし、事業経営に関す[59]る助言や運営等を受託しており、事業の見通しについての説明義務は十分考えられよう。[60]

　なお、そのような理解からすると、国土交通省作成の特定賃貸借契約の標準契約書（賃料改定に係る頭書および5条）や重要事項説明書で、借賃改定で考慮すべき事情を記載するが、なおサブリースに借地借家法32条の適用を認めた最判平15・10・21民集57巻9号1213頁が指摘した「転貸事業における収

(57)　内職商法に類するものととらえられる（消費者庁消費者制度課編『逐条解説　消費者契約法〔第4版〕』（商事法務、2019年）104頁）。

(58)　古谷＝木幡・前掲注(42)40頁。

(59)　法的性質を、時期的区分で分ける考え方（最判平23・4・22民集65巻3号1405頁が「後に締結された契約は、上記説明義務の違反によって生じた結果と位置付けられるのであって、上記説明義務をもって上記契約に基づいて生じた義務であるということは……一種の背理である」）と、提供される情報の内容により分ける考え方（小笠原奈菜「契約締結過程における説明義務違反の法的性質」現消15号（2012年）82頁。また、生命身体財産等保護を強調する小粥太郎「マンションの販売を委託された宅建業者の説明義務ほか」民商134巻（2006年）275頁など）がある。私見では、契約締結前の説明義務は原則不法行為として扱い、契約目的達成に係る説明義務違反は、締結された契約において情報の不備を是正する義務として引き継がれ、その不作為をもって、債務不履行責任として扱えば足りると考える。

(60)　ネットショップ業者に、ホームページの企画・運営サポート等を提供する事業者につき「本件HP制作契約により負担すべき費用を上回る利益を上げられないリスクが無視できないことについて説明をすべき義務」を認めた事例（東京高判平29・11・29判時2386号33頁）が参考になる。

支予測にかかわる事情（賃料の転貸収入に占める割合の推移の見通しについての当事者の認識等）……敷金及び銀行借入金の返済の予定にかかわる事情等」も明記が必要でなかっただろうか。⁽⁶¹⁾

7 家賃債務保証の規律

広く利用されている家賃債務保証ではあるが、適正化法では、物件管理事務と併せて行う契約管理は賃貸受託管理業務となるが、契約管理業務だけだと同法の対象とならず、あくまで任意の家賃債務保証業者登録制度の対象となるにすぎない。

もっとも、「住宅確保要配慮者に対する賃貸住宅の供給の促進に関する法律」（住宅セーフティネット法）においては、独立行政法人住宅金融支援機構による家賃保証債務保険の付保（同20条2項）、都道府県等による家賃債務保証料の低廉化補助事業が受けられるなど、経済的手法による登録誘導がなされている。令和2年6月30日時点では、登録業者は72社とのことである。

(1) 賃貸債務保証の民事的性格

賃貸借関係から賃借人に生ずる債務の全部または一部を保証する賃貸債務保証は、いわゆる根保証（「一定の範囲に属する不特定の債務を主たる債務とする保証」（民465条の2））である。平成29年改正前民法では貸金等根保証契約以外に関しては、被保証債権の範囲を定めず一切の債務の保証をする包括根保証も認められ、極度額の定めがなくても有効であった。⁽⁶³⁾

しかし、住居の賃貸借は長期にわたることも多く、借地借家法の適用を受け原則更新強制（借地借家26条1項・28条）が予期される場合、更新後にも保

---

(61) 頭書部分にはないが、コメント部分（21頁）には記載がある。その他、サブリース業者の側からの解約を認める一方、物件オーナー側からの解約申入れに関しては借地借家法28条の正当事由が必要とするなどの記載がある。

(62) 個人保証人に過大な責任を課すことを回避するという保証人保護（パターナリズム）」が理由である（潮見佳男『新債権総論Ⅱ』（信山社、2017年）739頁、注252参照）。

(63) 保証責任に関しては、債権者と主債務者取引関係・慣行・事情を考慮して相当な範囲に限定される（大判大9・2・27民集18巻215頁。潮見・前注738頁）。

証をする趣旨と解され、そのため賃料の支払遅延が多数に及び保証責任も累積していくおそれがある。

そこで平成29年改正民法は、貸金等根保証契約の規律の一部を個人根保証に拡張（民465条の2以下）し、委託を受けた保証人に対する債権者の主債務者の履行状況等に係る情報提供義務（民458条の2）を課した。施行後（令和2年4月1日以降）に賃料債務保証契約が締結された場合、個人根保証契約につき包括根保証の禁止（民465条の2第1・2項）、元本確定事由（民465条の4）などが適用される（改正法施行附則21条1項）。

家賃債務保証業者の利用が増加し、賃貸標準契約書、サブリース住宅標準契約書の各家賃債務保証業者型版が公表されている[64]。法人保証では、主債務者は自らの財産・履行状況等に関する民法上の情報提供義務を負わない（民465条の10第3項）が、保証委託契約締結に際して当然要求されよう。

なお、改正法では主債務者の死亡は元本確定事由であり（民465条の4第1項3号）、それ以降に生じた債務は保証範囲に入らない。そこで、特に高齢居住者につき、迷惑料として一定の金員を支払う約定がなされる。これは、主債務を前提としない損害担保契約と解されるが[65]、消費者契約たる賃貸借契約に附帯する場合、その有効性には疑問がある[66]。

(2)　条項の問題性

上述のとおり、自力救済以外にも、家賃債務保証業者に賃貸人の権限を付与・代行させる契約条項の有効性について、検討の必要がある。

適格消費者団体（消費者支援機構関西）が家賃債務保証会社に対して起こした不当条項使用差止請求訴訟では、保証委託契約における①無催告解除権限付与条項、②異議がない旨の確認をさせる趣旨の条項、③事前通知なしで保証債務を履行しうるとする条項、④求償権行使に対し原契約賃借人および

[64]　公益財団法人日本賃貸住宅管理協会加盟の賃貸住宅管理会社向けアンケートでは全地域で95％以上に上る（日管協総合研究所「第24回　日管協短観」（2020年4月～2020年9月）スライド14（2020年））。
[65]　附従性もないとされる（河上正二『担保物権法講義』（日本評論社、2015年）4頁）。
[66]　自然死など物件の心理的瑕疵とは評価し難いものにも負担を求めるものであり、消費者契約法10条による条項無効もありうると考えられる。

連帯保証人が原契約賃貸人に対する抗弁をもって被告への弁済を拒否できないことをあらかじめ承諾する条項、⑤一定の場合に賃借人が賃借物件の明渡しがあったものとみなす権限を付与する条項の削除等を求めたが、第1審判決（大阪地判令元・6・12判タ1475号246頁）は条項⑤についてのみ、消費者契約法8条1項3号違反を認め、その他を有効としている。

同判決では、賃貸人、賃借人＝保証委託者、個人保証人、家賃債務保証業者で行われた多数当事者の複合契約と解し、家賃保証会社に対して直接の契約解除権付与、賃料3カ月不払いによる信頼関係破壊の擬制、対抗しうる権利の行使機会の喪失に異議申出のない等の合意をもたらすものと評価されている。[67]

条項⑤に関しては、契約の終了原因の存否を問わず、「賃借物件内の動産類を搬出・保管・処分する権限を付与する条項であ」り、搬出等につき「『異議を述べない』との文言は、原契約賃借人のYに対する損害賠償請求権を放棄するとの趣旨を含む」とし、無効（消契8条1項3号）と判断した。自力救済条項の意味も有するもので、妥当である。[68]

もっとも、適法に解除された場合でも、建物内に放置された財産は勝手に処分できず、その保管費用を考えると、適法に動産の占有がなされうる契約条項の必要性は一般に認められる。そこで、あくまで適法に解除された場合において、当該条項は先取特権（民312条、民執190条。ただし、範囲につき民313条2項）の実行や、それ以外の残置財産についても強制執行の途を開く意義がある。[69]とはいえ、なかなか費用分の回収に至らず、問題は残る。

ところで、他の条項①③④についても消費者契約法10条前段はクリアできている。条項①に関しては、継続的契約であり居住者保護の要請もかかる住

(67) 石田剛「家賃保証業者が委託に基づき賃借人の賃貸人に対する賃料債務等を保障する契約中の諸条項と消費者契約法8条1項3号、10条、12条3項の適用」民事判例19（2019年後期）（2020年）54頁。
(68) 石田・前注57頁。
(69) 石田・前掲注6757頁は本文の条項⑤を「契約終了後における動産類の占有移転に関してあらかじめ賃借人の同意を得ておくことで、違法な占有権侵害を回避する」ものと解し、搬出等を可能とする「賃料不払期間を3ヶ月以上に改め、他の要件についても客観性・正当性の観点から精査」することで、有効となる可能性を指摘する。なお、動産の占有を確保できれば、民事執行が可能となる（民執124条→123条、190条1項）。

宅賃貸借契約の解約は目的不達成となるほどに契約関係の基盤である信頼関係が破壊される必要があり（信頼関係破壊の法理）、また解除権一般で、催告が債務者への追完機会を付与し、応じないことをもって解除を認め得る不履行の重大性を導くと考えられている。そのため、無催告解除を認めるには期間が３カ月では足りず、連絡先情報から追えない場合など要件を付加する必要はあろう。さらに、自然災害等を原因とする不在・不払いなど信頼関係破壊と言い難いものも含みうる点も問題である。条項③④についても、三者関係を前提として整理されている保証法理で要請される通知を不要とし、賃借人・保証人の抗弁行使を奪うものである（民463条・443条）。

　しかし、問題は消費者契約法10条後段要件であり、賃借人の不利益に比して、家賃債務保証業者に過大な利益が与えられる等の信義則違反が必要となる。条項①は、家賃債務保証業者に自らの保証債務支払いおよび求償不能のリスクをコントロールしうる地位を与えるが、賃借人の居住維持につき利益相反的地位となりうること、いわゆる特別解約権によらない債務保証業者の免責は過大であり、要件充足を認めてもよかったのではないか。他方、条項③④に関しては、不利益を被るのは少数の場合しかなく、賃借人自身、保証人においても不履行前・時に行使機会があることが指摘されており、後段要件充足は難しそうである。

　それから条項②に関しては、信頼関係破壊解除を前提に、無催告解除が認められる場面に限定した規定と解し、消費者契約法10条前段該当性も否定している。確かに、裁判所のいうように賃貸人において解除権が発生する場合にのみ、権限付与する条項であると契約適合的に解釈すれば問題がないこと

⑺　潮見佳男『新債権総論Ⅰ』（信山社、2017年）558頁。

⑺　後段要件につき、事業者が利得する金額が高額に過ぎる場合（敷引金特約事件：最判平23・3・24（平21年（受）1679号）民集65巻2号903頁、更新料事件：最判平23・7・15民集65巻5号2269頁）や不意打ち性（無関係な事由）がある場合（消契8条の3に結実した、後見等開始の審判申立てを賃貸借の解除事由とした事例：大阪地判平24・11・12判タ1387号207頁）などが参考になる。

⑺　期間の定めのない賃貸借債務の保証において相当期間を経過し、賃借人がしばしば賃料支払いを怠り将来も誠実に債務を履行する見込みがない場合（大判昭8・4・6民集12巻791頁）や賃借人の財産状態悪化等の事情にもかかわらず賃貸借を継続している場合（大判昭14・4・12民集18巻350頁）、保証人が再三責任を負うなど主債務者に対する信頼が破壊された場合（最判昭39・2・27民集13巻215頁）などに認められる。

になろう。しかし、静的にではなく、動的に眺めると、解除権発生が確実でない状況でも行使できることを前提とした督促等は不当にならないだろうか。形成権である解除権の判断を委ねること自体、問題がある。

　そもそも、可能な限り契約を有効に扱うという（限定）解釈の態度は、私的自治の尊重の要請からすれば妥当であるが、適格消費者団体による差止請求が求められる場面は、まさに情報の偏在、交渉力格差により成立した契約が、私的自治が機能不全に陥っていたかどうかが問われているのであって、むしろ消費者基本法５条２号や消費者契約法３条の趣旨に従って、疑わしきは条項設定者に不利に扱うべきといえよう。そうでなければ、現実には消費者は権利行使を阻まれてしまい、事業者にとっても無効主張にさらされ続けることになり、好ましい状況とはいえない。

8　おわりに

　適正化法は賃貸住宅管理業者と賃貸人、または、特定転貸借事業者と賃貸人間の関係を規律するものではなるが、標準契約書等を介して醸成される取引上の社会通念が何かを追及することで、入居者＝消費者の地位を規律する可能性がある。

　もっとも、わが国の事業者は、行政ルールに形式的に逸脱しないように行動する可能性が大きく、それらの限りでは問題は小さくなっていくだろう。特に、サブリース関係での契約締結時の情報提供は、民事的効力を定めていないが、適正化法を具体化するガイドラインに即した対応をとることが予想される。そして、適正化法の目的に入居者の保護が含まれており、（宅地建物取引業者の例と同じく）信義則上、民事上の情報提供義務として把握しうると考えられる。このように、民事上の関係も整序する方向で影響を与えうるものと評価できよう。

　このように法制定は好意的にとらえられるが、冒頭の例を考えると、運用が適正化されるためには業務管理者の研修や、独立性も考える必要がありそうである。そのため、賃貸不動産経営管理士協議会自体による監督、苦情受付等の体制が必要となるだろう。他方では不動産取引に比べて頻度が低いで

あろうサブリース契約締結前の説明に業務監督者が行わないでもよい、という取扱いは不十分だろう。[(73)]

　なお、わが国が少子高齢社会の現況や経済状況から、住宅確保に困難を抱える市民の増加、住宅ストック過剰（空き家増加）が進んでおり、優良住宅の公営住宅への転換および家賃補助などを住宅福祉政策に据える段階にある。[(74)] そのため、借上げによる公営住宅増加と管理の民間委託が進むと考えられるが、管理適正化法は国・地方公共団体が当事者の場合は適用されない（37条）。しかし、住宅管理業全体が適正化され、入居者に対する説明なども同水準で提供されることを期待したい。

【追記】

＊　脱稿後の令和 3 年 2 月15日、賃貸住宅管理業登録制度を廃止する告示が公布され、適正化法施行に伴い廃止、告示による登録業者の特例措置（更新回数を＋ 1 して番号登録）が設けられる、との情報に接した。

＊＊　7 (2)で触れた適格消費者団体による差止訴訟の控訴審（大阪高判令 3 ・ 3 ・ 5 ）は、条項⑤も適法と判断し、団体側が全面敗訴、団体は上告受理申立てを検討している（消費者支援機構関西ウェブサイト（最終閲覧：2021年 3 月15日））。当否はあらためて検討したい。

---

(73)　受託管理契約に際しては、重要事項説明を業務管理者が行うことが求める業務処理準則（ 5 条）を引き継ぐと思われるが、特定賃貸借契約の締結に関しては、同準則 8 条と異なり「望ましい」（サブリースガイドライン19頁）にとどまる。

(74)　白川泰之「高齢者の住まいの確保に係る課題と展望」論ジュリ27号（2018年）67頁。

123

▶ ▶ ▶実務へのアプローチ▶ ▶ ▶

弁護士　髙橋　大輔

実務からの視点

1　賃貸住宅管理業者登録制度

　国土交通省（以下、「国交省」という）では賃貸住宅管理業の登録制度（2011年9月30日告示公布、同年12月1日告示施行）を設け、登録事業者の業務について管理対象や契約内容について重要事項の説明や書類を交付するなどのルールを定めている。事業者がこのルールに違反している場合には必要な指導を行ったり、登録の抹消をすることでルールの遵守が担保されていた。

　この登録事業者は公表されているため〈https://etsuran.mlit.go.jp/TAKKEN/〉、消費者（借主）は、登録事業者の情報を把握し、物件選択の判断材料として活用することができるほか、管理業務のルールが普及し、適切に管理が行われることで、安心して住むことのできる賃貸住宅を選ぶことができるメリットがある。

　しかし、本制度は管理業者の登録が現状（2021年1月末日時点）任意であり、未登録の業者に対してはルール遵守を担保できないという問題があった。

　国交省が2019年7月に実施した「賃貸住宅管理業務に関するアンケート調査」（登録業者4429社、未登録業者7109社）によれば、「登録しておらず、今後も登録しない見込み」と回答した業者が25％であった。その理由の多くは「営業上のメリットがない」、「登録後の国への報告が負担大」となっており、実際に未登録の業者も多い状況となっていた。

　2020年6月、賃貸住宅管理をめぐる問題への対応策として「賃貸住宅の管理業務等の適正化に関する法律」（賃貸住宅管理業適正化法）が参議院本会議において可決され成立した。この新法においては業者登録の原則義務化やサブリースの行為規制などが定められ、サブリースに関する一部は2020年12月15日からすでに施行されている。

業者登録の原則義務化によって管理業務のルール普及が進むものと考えられるが、今後の動きを注視する必要がある。

2　身元保証等高齢者サポートサービス

高齢化が進む中で、一人暮らしの高齢者等を対象とした、身元保証や日常生活支援、死後事務等に関するサービスを提供する事業形態（本件における「身元保証等高齢者サポート事業」）が生まれている。

同事業は高齢者が契約することが多いという性質上、サービスごとの料金の違いや体系、支払うことになる総額がよく把握されない場合やサービス中止に係る手続がわからない、返金額に納得がいかない場合などさまざまな問題が生じるおそれがある。

そのため、契約者側においても、契約の中で受けたいサービスの明確化、支払い能力やサービス内容の確認等についてあらかじめ行ったうえで事業者との契約を行うことが重要となる。

⑥ 消費者契約法改正による法10条適用の拡張可能性

福島大学行政政策学類准教授　**中里　真**

本稿の概要

✓　消費者契約法10条前段に例示された、不作為をもって意思表示を擬制する条項は、比較的無効となる可能性が高いグレイリストとして設けられたとみるべきで、解釈上は作為による意思表示の擬制条項も含まれる。

✓　消費者契約法 8 条の 2 に加えられた条項には、解除権の行使期間を限定する条項、解除が認められるための要件を加重する条項、解除をする際の方法を限定する条項等は含まれないため、引き続き同法10条の適用可否を判断することになる。

✓　消費者契約法 3 条 1 項の改正の影響により、下級審裁判例では直接的に同項をも考慮して同法 8 条の適用を認めるものもあり、同様の考慮を用いて同法10条を適用する道が開かれたとみることができる。

1　はじめに

　消費者契約法（平成12年法律第61号。以下、同法の条文は、単に法○条として引用する）は、平成13（2001）年 4 月の法施行以降で初めての本格的な実体法部分の見直しとなる改正が、平成28（2016）年（以下、「第 1 次改正」という）と平成30（2018）年（以下、「第 2 次改正」という）に行われた。

　周知のとおり、第 1 次改正、第 2 次改正に至るまでに複数の最高裁判決も現れていて[(1)]、これらは改正内容にも大きく影響を与えている[(2)]。しかし、個々の事案解決の面では、不当条項規制の分野における最高裁判決、とりわけ法

10条に関するものは総じて法適用に厳しい判断がなされている。なお、上記判決には、消費者個人による訴えと適格消費者団体による差止請求の訴えとが混在している。適格消費者団体による差止請求は、平成18（2006）年改正によって導入された制度で、現在、消費者契約法に加え、景品表示法、特定商取引法、食品表示法によって差止請求が可能である。とりわけ同年の改正当初に差止請求権が導入された消費者契約法を根拠とした差止請求については、消費者の利益を一方的に害する条項（法10条）の活用が多く、次いで法解除に伴う損害賠償額を予定する条項（法9条1号）が多く活用されているという。[3]

　今回取り上げる一連の改正経緯やその検討については、改正過程にかかわってこられた方々を含め、すでに多くの論稿が公刊されており、本稿はそれらと重なる部分も多いが、不当条項規制とりわけ法10条を適用するうえで改正法がその解釈拡張可能性にどのように影響を与えうるかという点について若干の検討を加えることとする。

2　第1次改正と第2次改正の対象条項

　これまで繰り返し述べられているとおり、消費者契約法の不当条項リストについては、第16次国民生活審議会消費者政策部会中間報告で示されていた9種類35項目[4]から後退し、法8条（事業者の損害賠償免責条項の無効）、法9

---

(1)　確認できる範囲では、法4条・12条の勧誘について（最判平29・1・24民集71巻1号1頁）、法9条に関する一連の学納金返還訴訟について（最判平18・11・27民集222号275頁、最判平18・11・27民集60巻9号3437頁、最判平18・11・27民集60巻9号3597頁、最判平18・11・27集民222号511頁、最判平18・12・22集民222号511頁721頁）、法10条に関して（最判平23・3・24民集65巻2号903頁（敷引金特約）、最判平23・7・12裁時1535号5頁（敷引金特約）、最判平23・7・15民集65巻5号2269頁（更新料特約））、最判平24・3・16民集66巻5号2216頁（保険契約無催告失効特約））がある。

(2)　上杉めぐみ「団体訴訟制度における消費者契約法10条の要件」愛知大学法学部法経論集192号（2012年）3頁は、一連の最高裁判決で示された一定の枠組みについて、下級審判決の動向を含め法10条前段要件が検討された明文の任意規定や、一般法理の具体的内容など丁寧な分析がなされている。

(3)　消費者庁『消費者団体訴訟制度　適格消費者団体による差止請求事例集』（2019年。以下「差止請求事例集」という）13頁〈https://www.caa.go.jp/policies/policy/consumer_system/collective_litigation_system/about_system/case_examples_of_injunction/〉。

条（損害賠償額予定条項等の無効）、法10条（消費者の利益を一方的に害する条項の無効）に限られていた。その理由は、消費者契約法の「適用範囲が包括的であればあるほど、条項内容を具体的な形で掲げることに多方面からの慎重さが要求されて、さしあたって現実に問題の多いとされた若干の条項のみが明定されたにとどま」っていたと説明される[5]。

　そうした中で、平成26（2014）年8月に内閣総理大臣から内閣府消費者委員会へ「情報通信技術の発展や高齢化の進展をはじめとした社会経済状況の変化への対応等の観点から、契約締結過程及び契約条項の内容に係る規律等のあり方を検討すること」を求めた諮問がなされ、それに対して行われた2度の答申を経て消費者契約法の2度にわたる改正は行われた。消費者契約法については、論点項目が多岐にわたることもあり、第1次答申で「速やかに法改正等の対応が求められる点」に限っての部分的な答申を行い、そこで、「残された論点項目」につき、さらに継続して審議を行い、答申が行われたものである[6]。

　第1次改正における主な改正事項は、①過量な内容の消費者契約に係る意思表示の取消し（法4条4項）、②不実告知における「重要事項」の追加（同条5項）、③取消権を行使した消費者の返還義務の範囲を現存利益へと明記（平成29（2017）年改正後の民121条の2第1項で取消権の効果が「原状回復」とされたことに対する消費者契約における効果の修正。法6条の2）、④取消権の行使期間の6カ月から1年への伸張（法7条1項）、⑤事業者の損害賠償責任を免除する条項の無効の修正（「民法の規定による」の文言の削除、法8条1項3号4号）、⑥消費者の解除権を放棄させる条項の無効（法8条の2）、⑦前段要件に該当する条項の例示（法10条）である。

　また、第2次改正では、「事業者の努力義務」について、これまで「明確

（4）　ここであげられたリストは、河上正二ほか『消費者契約法──立法への課題』別冊NBL54号（商事法務研究会、1999年）253頁以下で確認できる。
（5）　消費者契約における不当条項研究会『消費者契約における不当条項の実態分析』別冊NBL92号（2004年）7頁。
（6）　河上正二「消費者契約法・特定商取引法の改正について」消費者法研究1号（2016年。以下、「河上・研究1号」という）130頁、河上正二「改正消費者契約法の課題と適切な運用にむけて」消費者法研究6号（2019年。以下、「河上・研究6号」という）128頁。

かつ平易に」とされていたものを「解釈について疑義が生じない明確なもの
で、かつ、消費者にとって平易なものになるよう」配慮することとし（法3
条1項1号）、消費者に「必要な情報を提供する」ように努める際に、「物品、
権利、役務その他の消費者契約の目的となるものの性質に応じ、個々の消費
者の知識及び経験を考慮」することとした（同項2号）ほか、重過失による
不利益事実の不告知の場合の取消権（法4条2項）、社会生活上の経験不足を
不当に利用して不安をあおる告知での契約強要（同条3項3号）、社会生活上
の経験不足を不当に利用して恋愛感情などの人間関係を濫用した契約強要
（同項4号）、加齢等による判断力低下を不当に利用した契約の強要（同項5
号）、霊感等による知見を用いた告知による契約強要（同項6号）、契約締結
前に、契約の内容を実施しての契約強要（同項7号）、勧誘で生じた損失の
補償を請求しての契約強要（同項8号）、事業者の損害賠償責任を免除する
条項について事業者が責任の有無や限度を自ら決定する条項の無効（法8条
1項）、事業者が自分の責任を自ら決める条項の無効（法8条の2）、消費者
が後見開始の審判等を受けたこと等を理由とする解除条項の無効（法8条の
3）と多岐にわたる条項の改正が行われた。[7]

3　法10条に関する若干の検討

(1)　改正内容の概要

まず、改正前の条文と改正後の条文とを並べて改正された法10条の内容を
確認する。

　○　改正前の規定（下線は筆者）

> 民法、商法その他の法律の公の秩序に関しない規定の適用による場合に比し、

---

(7)　これら改正の概説に関しては多くの資料が公刊されているが、さしあたって山本敬
　　三「2016年消費者契約法改正の概要と課題」法時88巻12号（2016年）4頁、河上・研
　　究1号126頁、「特集検証改正消費者契約法」現消34号（2017年）、山本敬三ほか「座
　　談会　消費者契約法の改正と課題」ジュリ1527号（2019年）14頁、河上・研究6号
　　129頁などを参考資料としてあげる。

> 消費者の権利を一方的に制限し、又は消費者の義務を加重する消費者契約の条項であって、民法第1条2項に規定する基本原則に反して消費者の利益を一方的に害するものは、無効とする。

○ 改正後の規定（下線は筆者）

> 消費者の不作為をもって当該消費者があらたな消費者契約の申込み又はその承諾の意思表示をしたものとみなす条項その他の法令中の公の秩序に関しない規定の適用による場合に比して消費者の権利を制限し又は消費者の義務を加重する消費者契約の条項であって、民法第1条第2項に規定する基本原則に反して消費者の利益を一方的に害するものは、無効とする。

今回の改正は、前段要件についての不明確さを解消するための改正を行うことで、契約当事者双方に法10条の適用可能性についての予見可能性を高めて紛争解決を図るという観点に立っており、「……消費者の権利を制限し又は消費者の義務を加重する消費者契約の条項であって」とする前段要件を満たし、かつ「民法第1条第2項に規定する基本原則に反して消費者の利益を一方的に害するもの」という後段要件を満たす必要があることに変わりはない。[8]

ただし、改正前の条文に規定されていた「任意規定」とは、立法当初より法律中のものに「限定」されるのか、[9]明文の規定のみならず判例法理や一般法理等を含むのか[10]で解釈上争いがあったが、この点は、最判平23・7・15民集65巻5号2269頁において、法10条の前段の「任意規定には、明文の規定のみならず、一般的な法理等も含まれると解するのが相当である」と判示され[11]たことを受け、「民法、商法その他の法律の公の秩序に関しない規定」とさ

(8) 「消費者契約法専門調査会報告書 平成27年12月」（消費者法研究1号（2016年）168頁にも所収）。また、消費者庁消費者制度課編『逐条解説 消費者契約法〔第4版〕』（商事法務、2019年。以下、「逐条解説〔第4版〕」という）292頁。
(9) 一例として、経済企画庁国民生活局消費者行政第一課編『逐条解説 消費者契約法』（商事法務研究会、2000年。以下、「逐条解説〔初版〕」という）175頁。
(10) たとえば、中田邦博「消費者契約法10条の意義 一般条項は、どのような場合に活用できるか、その限界は」法セ549号（2000年）39頁、落合誠一『消費者契約法』（有斐閣、2001年）、潮見佳男編著『消費者契約法・金融商品販売法と金融取引』（経済法令研究会、2001年）89頁、河上正二「消費者契約法の運用と課題」平成13年度版日弁連研修会/日本弁護士連合会編『現代法律実務の諸問題』（第一法規、2002年）374頁。

れた文言のうち、「民法、商法その他の法律」との文言を削除し「法令中の公の秩序に関しない規定」と変更している。このことによって、「任意規定が存在しない場合にも、一般的法理や任意規定的判例準則からの合理的理由のない乖離が吟味の対象となることが明らか」にしたものと説明される。[12]

　また、「消費者の不作為をもって当該消費者があらたな消費者契約の申込み又はその承諾の意思表示をしたものとみなす条項」という意思表示の擬制条項を、前段要件の例示としてあげている。この例示された意思擬制条項は、所管官庁による解説においても、改正前の法10条の適用例としてあげられており、具体的には「承諾に意思ありとは判断し難い消費者の一定の作為又は不作為を捉えて、『承諾の意思表示』と認めるべき事実があったとして契約が成立するものとする条項は、消費者に不測の損害を与える可能性があり、場合によっては無効と解される」と記載している。[13]より積極的に無効を示す例においては「無効とすべき」[14]などという強い表現を加えるものもあり、その意味では有効となりうるとの解釈を含む説明という評価も可能であろうが、他方で、あえてこの事例を掲載していることからすれば、条項の不当性や契約成立の経緯等に照らして後段要件を満たして無効となる可能性のより高いものとの評価が背景にあると解するのが自然であろう。そのような理解に立てば、意思表示の擬制条項は、比較的無効となる可能性が高いグレイ・リストの１つとして、掲げられたに等しいとの主張には説得力がある。[15]また、加えられた例示は「不作為」についてのみであるが、メディアの包装を開封した場合などの例（シュリンクラップ契約）などを念頭に、意思擬制には「作

⑾　建物賃貸借契約における更新料条項の有効性が争われた事例で、「更新料条項は、一般的には賃貸借契約の要素を構成しない債務を特約により賃借人に負わせるという意味において、消費者である賃借人の義務を加重する」と判示している。ただし、後述のとおり後段要件の該当性がないことを理由に、法10条の適用は認めなかった。

⑿　河上・研究１号131頁、なお、逐条解説〔第４版〕291頁も参照。

⒀　逐条解説〔初版〕180頁。

⒁　解除・解約の権利を制限する条項について「事業者に正当な理由がない場合には、原則として消費者の利益を害するものとして消費者から解除権を奪う条項を無効とすべきものと考えられる」と記載する。逐条解説〔初版〕178頁。

⒂　河上・研究１号131頁、宮下修一「誌上法学講座・新時代の消費者契約法を学ぶ第15回不当条項規制（10条）(1)」ウェブ版国民生活2018年12号（2018年。以下、「宮下『講座第15回』」という）38頁。

為」の場合もあることは指摘のとおりであり、前掲解説では「作為又は不作
為を捉えて」との例を想定していることからしても両者を区別する合理的な
理由がないため、解釈としては「作為」による意思擬制も含まれるとみるべ
きであろう。

(2)　後段要件（具体的考慮要素）への影響

　さらに、後段要件に対する契約締結過程を踏まえた一切の事情（説明義務
等）を考慮した「信義則」判断の可能性の面で、一般法理をも含む任意規定
の例として明示された意義はより強調されてよいと考える。これまで下され
た最高裁判決では、法10条を適用して条項を無効としたものはみられないが、
これは後段要件の「信義則」違反の内容や適用範囲をかなり厳格に解してい
るためであることが要因に考えられる。この点、判断の背景には「前段要件
における任意規定の意味を『一般的な法理等』と示したために、適用範囲を
拡大し過剰な消費者保護に傾いてしまったことへの揺り戻しとして、後段要
件で調整をはかった」のではないかとの分析もあり、法改正前は少なくとも
文言中に「民法、商法その他の法律」との規定があったことが影響している
ことを念頭に置いたものと思われる。たとえば、前述の前段要件における任
意規定に「一般法理」が含まれることを初めて明確にした前掲最判平23・
7・15民集65巻5号2269頁は、「当該条項が信義則に反して消費者の利益を一
方的に害するものであるか否かは、消費者契約法の趣旨、目的（同法1条参
照）に照らし、当該条項の性質、契約が成立するに至った経緯、消費者と事
業者との間に存する情報の質及び量並びに交渉力の格差その他諸般の事情を
総合考量して判断されるべきである」と述べ、「賃貸借契約書に一義的かつ
具体的に記載された更新料条項は、更新料の額が賃料の額、賃貸借契約が更
新される期間等に照らし高額に過ぎるなどの特段の事情がない限り」後段要
件にはあたらないと判示する。法改正後も、後段要件に変化はないため、基

---

(16)　宮下修一「誌上法学講座・新時代の消費者契約法を学ぶ第17回不当条項規制（10
　　条）(3)」ウェブ版国民生活2019年2号（2019年）39頁。
(17)　宮下「講座第15回」41頁でも同趣旨を述べられている。
(18)　上杉・前掲注(2)31頁。

本的に最高裁判所のこの判断は踏襲されるであろうが、法10条には一般法理が含まれることが明文上確認されたのであり、「意思表示の擬制条項」のような消費者の真意に反した契約の成立は比較的無効となる可能性が高いことを条項の趣旨に加えたものと評価することで、後段要件の信義則違反の内容にも影響を与えるといえよう。

消費者庁は、あくまでも前段要件の例示であって、意思表示の擬制条項を無効にするためには後段要件を充足する必要がある旨を上記で示した最高裁判所の基準を用いて強調するが[19]、法制定当初から、「消費者の利益を一方的に害する」という態様が信義則違反を評価づけるとして、この文言の追加によって要件を加重しているわけではないとの見解もあり[20]、「信義則」違反の内容や適用範囲を従前から修正した基準で判断することは解釈上も可能だと考えている。

(3)　不当条項規制各条文と法10条との関係

今般、法8条の2に消費者の解除権を放棄させる条項が無効として規定され（第1次改正）、事業者への決定権限付与条項が無効となる規定が追加された（第2次改正）。法10条は、法制定時より、法8条・9条に規定された条項以外に存在する不当な契約条項によって生じる消費者への不利益を解消するためにその効力を無効化する役割をもった受け皿規定とされており[21]、本規定は法10条の対象とされうるとして示されていたリストのうちの1つが[22]、消費者契約における不当条項リストとして明文化されたという側面をもつ。これに関連し、下級審には、大学医学部専門の学習塾の受講契約を解約した受講生に対して、進学塾の受講契約等の中途解約・中途変更を制限し、受講料等の返還を一切認めない旨の特約を理由に解約は認められないとした例で、契約の一部について、契約解除を制限する特約の成立を否定したうえで、特約の成立部分について、実質的に受講料の全額を違約金として没収するに等し

(19)　逐条解説〔第4版〕294頁以下。
(20)　落合・前掲注(10)150頁。
(21)　逐条解説〔第4版〕291頁。
(22)　消費者庁企画課編『逐条解説消費者契約法〔第2版〕』（商事法務、2010年）224頁また、逐条解説〔初版〕178頁も参照。

く、信義則に反する等として、法10条により無効であると判示したものがある（東京地判平15・11・10判時1845号78頁）。もっとも、新設された法8条の2で加えられたのは、事業者に債務不履行があり、民法541条等の規定による解除の要件を満たすものであっても消費者に一切解除を認めないこととする条項である。したがって、消費者の解除権を制限する条項（たとえば、解除権の行使期間を限定する条項、解除が認められるための要件を加重する条項、解除をする際の方法を限定する条項等）は、本号には該当せずに、引き続き法10条の対象事項として取扱われることになるという[23]。

　次に、法8条の3では、消費者が後見開始の審判等を受けたこと等を理由とする解除条項の無効が規定された。これに関連する内容としては、大阪高判平25・10・17消費者法ニュース98号283頁がある。この事案で裁判所は法10条後段該当性の検討において「本件解除条項中で、成年被後見人、被保佐人の審判開始又は申立てを受けたときについては、およそ賃借人の経済的破綻とは無関係な事由であって、選任された成年後見人や保佐人によって財産管理が行われることになり、むしろ、賃料債務の履行が確保される事由ということもできるから、これらの事由が発生したからといって、賃借人の賃料債務の不履行がないのに、又、賃料債務の不履行があっても、相当な期間を定めてする催告を経ることなく、又は契約当事者間の信頼関係が破壊されていないにもかかわらず、賃貸人に一方的に解除を認める条項も、信義則に反して消費者の利益を一方的に害するものというべきである」と判示している。

　これらのことから、不当条項規定の法改正は、これまで法10条の果たしていた機能が、法8条以下の不当条項規制との連続性をもっていたことをあらためて確認したとも評価できる。厳密にいえば、法8条以下の各規定は強行規定であり、それぞれに規定された内容が直接法10条前段の「任意規定」要件に係ることはない[24]。しかし、そこで規定された内容はかなり限定的な内容にとどまる。そして、法改正によって法8条の2、8条の3に追加された条項から、形式的に外れるものであっても、いわゆる規制逃れと位置づけられ

[23]　逐条解説〔第4版〕365頁以下。また、須藤希祥「消費者契約法の一部を改正する法律の概説」NBL1076号（2016年）10頁も参照。
[24]　上杉・前掲注(2)26頁。

134

る条項は、法10条によって無効とされる可能性は高いものと考えている。そして、それは改正によって追加された条項のみではなく、その他の不当規制条項についても同様のことがいえる。

　最近、東京高等裁判所で、事業者の故意または重過失に起因する限り賠償するとした条項が、軽過失による不法行為責任を全部免除するものであるとして、法8条1項3号に該当し、無効であるとの判決が下された（東京高判平29・1・18判時2356号121頁）。「軽過失」以外は責任を負うとする条項が、法8条1項3号の「全部免除する規定」に該当するか否かは争いがあろう。実際、同号に規定された事業者の不法行為によって消費者に生じた損害の全部免責条項について、東京地判平26・8・30判時2356号129頁（前掲東京高判の原審）は、故意・重過失の場合には責任を負う旨を定めているために法8条1項3号にはあたらないとしているほか、裁判外の紛争（2014年5月12日に終了した事案）においては、スポーツクラブ運営業者が置いていた会社側の全部免責条項について、「会社の責めに帰すべき事由があった場合は、150,000円を限度（会社に故意又は重大な過失があった場合を除きます）として賠償します」とした改善例が紹介されている。特に後者については、「損害賠償の免責条項について、本件事業者が人身損害に対しても上限額150,000円と規定しているのは問題と考えられます。他のスポーツクラブ運営事業者の約款も検討しましたが人身損害の賠償に上限を設けている例はありません。しかし、消費者契約法第8条の規定には該当しないものであり、対応はできていません」とする適格消費者団体（消費者機構日本）のコメントが付されているものもある。

　確かに、前掲東京高判によって、軽過失免除条項が一般的に、法8条1項3号への直接適用可能との解釈が確定したとはいえないだろうが、同条以下に列挙された不当条項規制は、巧みに法の文言に該当しないような条項を設けている場合は、消費者契約法の趣旨、目的に照らして、（法10条適用ではなく）各条文の直接適用の可能性もあることが確認された点は注目されるべきである。また、たとえ直接適用がなされないとしても、それらの規定がなか

⑵5　差止請求事例集95頁。
⑵6　差止請求事例集95頁。

ったならば法10条に該当しうるため、少なくとも消費者契約法改正に際して、論点整理段階で議論の対象となっていた条項については、消費者契約法10条に反して無効とされる可能性が高いものとして運用されるべきと考えている。

4　おわりに代えて

　最後に、法3条1項の改正との関連について若干の私見を述べることでおわりに代えたい。同項については従来の規定では、本規定が努力義務であることが強調されることもあり、消費者契約法上の直接の私法的効果（とりわけ取消権）は生じないことが立法過程などでも確認されていたため、その条文的価値には疑問も呈されていたところである。もっとも、同条は、消費者契約における不公正条項に関する EC 指令（93/13/EEC）5条1文「すべてのもしくは一定の条項が書面によって消費者に提示される契約の場合には、それらの条項は常に平易かつわかりやすい言葉で起草されなければならない」の規定に示される、いわゆる「透明性の原則」に適合するようにとの趣旨であるとか、平均的な消費者を基準として、意味が一義的であって理解しやすいことを意味するとされて「作成者不利の原則」と関連する規定と考えられていたこととも相まって、解釈について疑義が生じない程度の明確性を求めるこのたびの改正は「透明性の原則」に関する努力義務と評価するものもある。現に、所管官庁による解説においても、条項使用者不利の原則が法

(27)　①人身損害に関する免責・責任制限条項の規制、②事業者に当該条項がなければ認められない解除権・解約権を付与しまたは当該条項がない場合に比し事業者の解除権・解約権の要件を緩和する条項、③契約文言の解釈権限を事業者のみに付与する条項、および、法律もしくは契約に基づく当事者の権利・義務の発生要件該当性もしくはその権利・義務の内容についての決定権限を事業者のみに与える条項、④本来であれば全部無効となるべき条項に、その効力を強行法によって無効とされない範囲に限定する旨の文言を加えたもの（いわゆる「サルベージ条項」）など。

(28)　逐条解説〔初版〕83頁。

(29)　潮見編著・前掲注(10)26頁以下。

(30)　後藤巻則＝齋藤雅弘＝池本誠司『条解消費者三法』（弘文堂、2015年）29頁〔後藤巻則〕。

(31)　落合・前掲注(10)63頁。

(32)　鈴木尉久「消費者契約法10条と透明性の原則」消費者法ニュース120号（2019年）163頁。

３条１項１号の趣旨から導かれる考え方の１つであることを明確化したもの
と評されるものとなり、同条の重みは従来から増しているといえる。

　ただし、こうした評価を、不明瞭な条項は当然に条項作成者に不利に解釈
できるのかという点にはなお検討を要しよう。実際、前掲の解説においては、
文言の追加による改正があっても努力義務規定であることに変わりはなく、
正面から「条項使用者不利の原則」を直接定めた明文規定ではないとの留保
が付されているうえ、法３条１項は本来、「条項の意味について疑義を生じ
た場合には、消費者にとってもっとも有利な解釈が優先する」（消費者契約に
おける不公正条項に関するEC指令（93/13/EEC）５条２文）とされる効果をも
つ「『不明確準則』とは似て非なるもの」との評価もある。

　しかし、法３条の情報提供に対する努力義務規定が全く無意味で私法上の
効力がないという考え方は間違いであって、民法との重畳適用によって、信
義則を媒介した説明義務違反が確認され、その上で損害賠償請求が認められ
るとの指摘は立法当初からなされている。

　最近でも、インターネットショップ用ホームページの制作に係る業務提供
を受ける契約に際しての説明義務違反が争われた事案で、当事者の主張した
消費者契約法の適用は否定しつつも、勧誘の違法性を認め説明義務違反によ
る損害賠償請求を一部認容した事案があり、ここでの発想は、消費者保護的
な内容を含むとのコメントが付されているところである。さらに、より直接
的な法３条１項の適用事案として、駐車場の賃貸借契約に際して、過去２度
の浸水被害（うち１件では車両被害が生じていた）を告げていなかった点を法
３条１項の規定を考慮して信義則上の説明義務に違反し、不法行為を構成す
るとした事案も存在する。いずれも法改正前の事案であるが、こうした事情
や、一連の改正に加えて消費者契約法第３次改正に向けた動きがあることを

(33)　逐条解説〔第４版〕116頁。
(34)　逐条解説〔第４版〕115頁。
(35)　河上・研究６号134頁。
(36)　河上・前掲注(10)363頁、潮見編著・前掲注(10)27頁。
(37)　東京高判平29・11・29判時2386号33頁。
(38)　名古屋地判平28・1・21判時2304号83頁。
(39)　令和元（2019）年12月より消費者庁において「消費者契約に関する検討会」（山本
　　敬三座長）が開催されている。

考慮にいれれば、法３条１項が信義則を媒介して私法上の効果を与えられるという点は、すなわち、法10条（とりわけ後段要件）とも関連すると考えられ、当該条項の無効性判断の要素となりうる。この点、法８条該当性の判断で、法３条１項が意義をもった参考となる事案がある（東京高判令２・11・5裁判所ウェブサイト（同判決の原審としてさいたま地判令２・２・５裁判所ウェブサイト）。適格消費者団体によってインターネットゲームのポータルサイトを運営する事業者に対して条項の差止請求を行った同事案では、事業者が規約に他の会員に不当に迷惑をかけたと「当社が判断した場合」等に会員資格を停止したり取り消したりすることができ、その際生じた損害を一切賠償しないとする条項を設けている点について、法３条１項に照らせば、事業者は「解釈を尽くしてもなお複数の解釈の可能性が残ることがないように努めなければならない」と述べ、条項の「意味内容が、著しく明確性を欠き、契約の履行などの場面においては複数の解釈の可能性が認められる場合」で自己に有利な解釈運用がうかがわれなど免責条項として機能するときは不当条項に該当しうると判示して、差止めを認めている。こうした考え方をもとにすることで、さらには、契約条項の複数の内容が相反する意味をもつ、あるいは、全体として意味をなさない条項が多く含まれているものについては、法３条１項、法10条の趣旨に鑑みて全体としてそれらの条項は無効と評されるとの解釈の道も開かれる一端になったのではないかと考えているが、この点の検討は他稿を期したい。[40]

【付記】
　本稿は平成30年度科学研究費事業（学術研究助成金）（基盤研究（C））課題番号：18K11865による研究成果の一部である。

---

[40]　ただ、本文とやや矛盾するようであるが、解釈論でカバーするよりもむしろ正面から法的効果を与えるべきとの主張は改正前からなされているものであり（後藤＝齋藤＝池本・前掲注(30)〔後藤巻則〕32頁）、この点は強く首肯されるべきとも考えている。

▶▶▶**実務へのアプローチ**▶▶▶

弁護士　鈴木　裕美

実務からの視点

1　消費者契約法10条と差止請求

　消費者契約法（以下、「法〇条」と引用する）10条は、契約条項に基づく事業者による消費者の権利の制限、義務の加重により消費者契約の条項が無効となる場合についての包括ルールを定める規定である。その要件は、法令中の公の秩序に関しない規定（＝任意規定）の適用による場合に比べ、消費者の権利を制限または消費者の義務を加重する条項で（第一要件・前段要件、以下、「前段要件」という）、民法1条2項の基本原則（＝信義則）に反して消費者の利益を一方的に害するもの（第二要件・後段要件、以下、「後段要件」という）である。

　法8条および9条は、消費者が損害を被った場合の事業者の損害賠償責任の制限（法8条）および契約の解除等に伴う損害賠償額の制限（法9条）について、無効となる場合を具体的に定めたものであるが、これらに該当しないものであっても、上記要件に該当し法10条により無効となることがありうる。

　適格消費者団体が不当な契約条項に対し差止請求権を行使する場合に理由とする条項は、法10条と9条1号が圧倒的に多く、次いで法8条1項各号とのことである（消費者庁「適格消費者団体による差止請求事例集」（2019年。以下、「差止請求事例集」という）14頁～15頁）。差止請求事例集によれば、法10条違反が主張され裁判外や訴訟上の和解・認諾により是正された事例は多いものの、判決においてそれが認められた最近の事例は少ないようである。(1)

　かつては、不動産の賃貸借契約における更新料をめぐって多数の裁判例があり、法10条違反で更新料条項を無効とする高裁判決も複数あったが、最高

139

裁判所（後記2）は、後段要件該当性を認めず同法10条の適用を否定した。この最高裁判決をみると、後段要件該当性が高いハードルとなり（不当性がよほど著しい場合でない限り）法10条違反は認められないのではないかという印象が否めない。

　適格消費者団体による差止請求訴訟によって、法10条違反のハードルを下げることができないだろうか。また、平成28年、平成30年と消費者契約法が改正されたが、この改正を法10条に関する裁判実務に活用できないだろうか[(2)]。本稿では、このような関心の下に検討をした。

2　法10条該当性に関する最高裁判決

　前記の賃貸借契約の更新料条項に関する最判平23・7・15民集65巻5号2269頁は以下のように判示している。

① 「任意規定」は明文の規定のみならず、一般的な法理等も含まれるとし、「更新料条項は、一般的には賃貸借契約の要素を構成しない債務を特約により賃借人に負わせるという意味において、消費者である賃借人の義務を加重するものに当たる」と述べて、前段要件該当性を肯定しつつ、

② 賃貸借契約書に一義的かつ具体的に記載された更新料条項は、更新料の額が賃料の額、賃貸借契約が更新される期間等に照らし高額に過ぎるなどの特段の事情がない限り、法10条にいう「民法第1条2項に規定する基本原則に反して消費者の利益を一方的に害するもの」にはあたらないと解するのが相当である。

　この最高裁判決については、判例解説でも、「その内容が暴利行為と言えるような場合や契約書や重要事項説明書などに記載がなく、そもそも更新料の支払いに関する合意の成立自体に疑問がある場合を除き、後段要件充足性

を肯定するのは困難ということになろう」と述べられている。適格消費者団体京都消費者契約ネットワークが提起した更新料条項使用差止請求訴訟（大阪高判平24・6・29同ネットワークウェブサイト（前掲最判平23・7・15の特段の事情にあたる旨を主張））においても、「……個別具体的な事情を斟酌することなく、一律に上記更新料が高額に過ぎ、信義則に反して消費者の利益を一方的に害する者とは判断できない」とされて請求が棄却されており、最高裁判決により、更新料条項の一般的差止めを求める適格団体の訴訟は困難となったと考えられる。

3 平成28年・平成30年改正と法10条の解釈に対する活用の可能性

(1) 平成28年改正

法10条前段要件にいう「任意規定」には、法律の明文の規定のみならず、一般的な法理等も含まれると解されている（前掲最判平23・7・15）ことを踏まえ、前段要件に該当する条項の例として「消費者の不作為をもって当該消費者が新たな消費者契約の申込み又はその承諾の意思表示をしたものとみなす条項」を例示した。

(2) 平成30年改正

法8条により無効となる条項として、事業者に、損害賠償責任の有無または限度を決定する権限を付与する条項（損害賠償責任等の決定権限付与条項）を加えた。平成30年改正前法8条には該当しないが、法10条により無効となる可能性があった条項について、法8条に違反することを明示した。

条項の改正ではないが、消費者庁ウェブサイト「逐条解説（平成31年2月）」（以下、「逐条解説」という）において、法10条により無効となる可能性のある条項について記載されている。すなわち、事業者の損害賠償責任の一部を免除する条項のうち、当該事業者の軽過失によるものについては、法8条1項の規定により無効となるものではないが、生命または身体が重要な法

益であることに照らすと、消費者の生命または身体の侵害による事業者の損害賠償責任を免除する条項は、法10条によって無効となる可能性がある、とされている（差止事例集167頁（事例10─5））。この点につき参考になる判例として、事業者が損害賠償責任を負う範囲を、事業者の故意または重過失に起因する損害以外は治療費等の直接損害に限定する条項について、本条の規定により無効である疑いがある旨を判示したもの（札幌高判平28・5・20判時2314号40頁）が紹介されている。この判決の事案や内容については、後記5において詳述する。

　法10条の解釈に関しては、法3条1項1号の改正が重要と考えている。同条項は、「消費者契約の条項を定めるに当たっては、消費者の権利義務その他の消費者契約の内容が、その解釈について疑義が生じない明確なもので、かつ、消費者にとって平易なものになるよう配慮する」よう務めなければならないと定めている。改正前の努力義務規定に「解釈について疑義が生じない」という点が加筆された。

(3)　法3条1項1号の活用と「DeNA判決」

　法10条の解釈において活用できると思われるのは、法3条1項1号である。現に、不当条項該当性において同条項の趣旨を考慮する裁判例も出ている。適格消費者団体埼玉消費者被害をなくす会の株式会社ディー・エヌ・エー（以下、「DeNA」という）に対する差止請求訴訟判決（さいたま地判令2・2・5同団体ウェブサイト、東京高判令2・11・5同団体ウェブサイト参照）である。

　事案は、インターネットを使ったポータルサイト「モバゲー」を運営するDeNAに対し、モバゲーに関するサービス提供契約における、「当社の措置によりモバゲー会員に損害が生じても、当社は一切損害を賠償しません」との規定が法8条1項に該当するとする差止請求訴訟であり、「他のモバゲー会員に不当に迷惑を掛けたと当社が合理的に判断した場合」等には会員資格取消し措置ができるとの規定の明確性が問題となった（なお、「合理的」との限定は、第一審判決後に付加されたもの）。

　さいたま地裁判決は、法3条1項に照らし、「差止請求の対象とされた条項の文言から読み取ることができる意味内容が、著しく明確性を欠き、契約

の履行などの場面においては複数の解釈の可能性が認められる場合において、事業者が当該条項につき自己に有利な解釈に依拠して運用していることがうかがわれるなど、当該条項が免責条項などの不当条項として機能することになると認められるときは、法12条３項の適用上、当該条項は不当条項に該当すると解することが相当である」と述べて、法８条１項該当性を認めた。

　東京高等裁判所は、さらに、本件条項に「合理的」にとの文言を付加して「合理的限定解釈」がなされるべきであるとする被告主張に対し、法３条１項１号を引用したうえ、「事業者を救済する（不当条項性を否定する）との方向で、消費者契約の条項に文言を補い限定解釈をするということは、同項の趣旨に照らし、極力控えるのが相当である」と述べて原審の判断を維持した。消費者契約法における契約条項の解釈手法のあり方を明確にしたものとして重要である。

4　株式会社防災センターに対する差止請求訴訟

　ネットとうほくは、株式会社防災センターという消火器の訪問契約業者に対し、法10条違反を理由とする条項使用の差止請求訴訟を提起している（令和３年１月26日結審、同年３月23日判決予定）。

　その契約は、「リース契約」と称し、①期間10年間、10年分のリース料３万2180円（税込み）、顧客が申し込めば保守点検サービスが付加される、②支払方法は、10年分３万2180円を一括ないし契約後10カ月の分割払い、③中途解約する場合は、リース料残額を払う、という約定となっている（③の条項を盾にクーリング・オフ期間が過ぎると解約を申し出てもリース料全額支払いさせる）。また、本件の契約書には、読んでも意味がわからない条項が多数存在している。

　ネットとうほく（原告）は、本件契約条項の中でも③の条項が、継続的契約における中途解約の一般的法理に比して消費者の権利を制限するものであり（前段要件該当性）、また、本件契約は、顧客（消費者）にはリース契約とすることによるメリットは何らなく、リース契約とする必要性・合理性がないのに、リース契約と称することで、中途解約の場合10年分のリース料全額

の違約金等の多大な負担を課している点で法10条後段に該当するという主張をしている。中途解約時に全額支払いをさせる点だけを問題とするなら同法9条1号でもよいのであるが、契約全体の不当性に鑑み、法10条による条項自体の無効（意思表示の差止め）を求め、前掲最判平23・7・15に基づき、「契約が成立するに至った経緯（勧誘の不当性）、契約締結時に当該条項の内容を十分に説明していたか等」をも法10条違反の考慮要素とすべきこと、さらに、多数の意味不明の条項があることも、平成30年改正後の法3条1項1号に照らし、法10条の該当性の判断において考慮されるべきであるとの主張をしている。

どのような結果が得られるか、現時点（令和3年2月）ではわからないが、法10条に関する裁判事例の一助になるよう努力したい。

5 消費者の生命、または身体の侵害に対する賠償責任の免除条項

(1) 札幌高判平28・5・20判時2314号40頁の事案と判断

この判決の事案は、プロ野球の試合の観戦中に打者の打ったファウルボールが顔面に直撃したため右目を失明した女性が、試合を主催していた球団・ドームの指定管理者、ドームの所有者に対し、工作物責任・営造物責任、不法行為責任等に基づき損害賠償請求を求めたものである。

判決は、安全設備等に工作物責任ないし営造物責任上の瑕疵があったとは認められないが、球団運営会社は野球観戦契約に信義則上付随する安全配慮義務があり（本件顧客は、球団が実施した保護者の同伴を前提として小学生を招待する企画に応じて来場したという経緯からすると、招待した小学生およびその保護者の安全に配慮すべき義務があった）、その義務違反（債務不履行）に基づく損害賠償請求を一部認容した。

(2) 本件免責条項と判示内容

本稿との関係では、本件の契約約款（プロ野球12球団らが策定した試合観戦

契約約款）の、以下のような免責条項が問題となった。

○　1項　主催者及び球場管理者は、観客が被った以下の損害の賠償について責任を負わないものとする。但し、主催者若しくは主催者の職員等又は球場管理者の責めに帰すべき事由による場合はこの限りでない。ホームラン・ボール、ファール・ボール……に起因する損害
（以下略）

○　2項　前項但書の場合において、主催者又は球場管理者が負担する損害賠償責任の範囲は、治療費等の直接損害に限定されるものとし、逸失利益その他の間接損害及び特別損害は含まれないものとする。但し、主催者又は……の故意行為又は重過失行為に起因する損害についてはこの限りでない。

判決は、この免責条項についても以下のように判断している。

①　観客において当該条項を現実に了解しているか、了解があったものと推定すべき具体的事情はない本件において、本件免責条項による「ファールボールに起因する損害について責任を負わない」との合意は成立していない。仮に合意が成立したとしても、安全配慮義務違反がある本件は免責の対象とならない。

②　故意または重過失に起因する損害以外（軽過失の場合）は治療費等の直接損害に限定している点について、球団は「試合中にファウルボールが顧客に衝突する事故の発生頻度や障害の程度等に関する情報を保有し得る立場にあり、ある程度の幅をもって賠償額を予測することは困難ではなく、損害保険又は障害保険を利用することによる対応も考えられることからすれば、このような対応がないまま上記の条項が本件事故についてまで適用されるとすることは、消費者契約法10条により無効である疑いがあ」る。

上記②が、逐条解説で紹介された、生命身体に対する損害については、軽過失の場合の責任範囲の制限も法10条違反になりうるとした判断である。

6　お試し定期購入契約被害と差止請求権

(1)　お試し定期購入被害

　健康食品や化粧品等のインターネット通信販売で、インターネット上の広告では「初回300円のお試し」等と、あたかも300円のお試し価格で1回分購入できるかのような表示をしているが、別の場所に小さい字で、4回の継続的購入が条件となる等と記載されていて、消費者が意に反して複数回分の代金請求をされるという被害事例が多発している（典型パターン）。別パターンとして「定期購入契約ではない、○日以内契約解除可能」とうたいつつ、解約申入れの方法を特定の時間帯の電話連絡に限定し、実際には電話はつながらない、というような形態の被害も出ている。

(2)　適格消費者団体の差止請求

　このような被害について、法10条の不当条項にならないのか、という質問を受けるが、上記典型パターンの定期購入契約は、誤認を招いたり、意に反して契約の申込みをさせる広告表示の問題（景品表示法や特定商取引法違反）であり、消費者との間の契約条項自体の問題ではないため法10条による差止対象とはならないと思われる。一方、解約申入れの方法を特定の時間帯の電話連絡に限定するようなパターンについては、消費者の解除権を制限する条項となり得るが（前記中里准教授の論考3(3)参照）、法10条違反というためには、方法の限定に加えて実態として電話が容易につながらない等の事実をも加味する必要があるのではないか（その点をどのように裏づけることができるかが問題）と思われ、今後の検討課題である。

　上記典型パターンに対して、適格消費者団体は、景品表示法5条2号（有利誤認表示：商品または役務の対価その他の取引条件について実際のものよりも有利であると一般消費者に誤認される表示）に該当することを理由に、同法30条1項2号に基づき差止請求をしている。

　このような広告表示は、実は、特定商取引法12条の通信販売における誇大

広告（著しく事実に相違する表示をし、または実際のものよりも著しく優良であり、もしくは有利であると人を誤認させるような表示）にも該当するものであるが、適格消費者団体は、特定商取引法ではなく景品表示法を理由に差止請求を行っている。その理由は、残念ながら、現行法上、「価格」に関する不当表示は特定商取引に基づく適格消費者団体の差止請求の対象とはならないものと解されるからである。

　この点を詳しく述べると、特定商取引法12条は対象となる広告事項を「当該商品の性能又は当該権利若しくは当該役務の内容、当該商品若しくは当該権利の売買契約の申込みの撤回又は売買契約の解除に関する事項その他主務省令で定める事項」としており、主務省令である特定商取引法施行規則11条4号により「商品若しくは権利の販売価格又は役務の対価」（特商11条1号）が対象の広告事項とされている。ところが、特定商取引法12条違反行為に対する差止請求権を規定する同法58条の19では、「その他主務省令で定める事項」が対象から除外されているため、条文本体に規定された「商品の性能又は当該権利若しくは当該役務の内容等」に関する誇大広告は差止対象となるが、特定商取引法施行規則で定めている「商品若しくは権利の販売価格又は役務の対価」に関する誇大広告は対象とならないのである。

　また、上記のようなひっかけ広告は、「顧客の意に反して申込みをさせようとする行為」として特定商取引法14条1項2号、特定商取引法施行規則16条1項1号・2号にも違反するが、この点についても適格消費者団体の差止請求権は認められていない。

　日本弁護士連合会が令和2年7月16日に公表した「インターネット通信販売における定期購入契約等の被害に対する規制強化を求める意見書」では、これら特定商取引法の規定についても適格消費者団体の差止請求権を拡充するよう求めている。

(3)　特定適格消費者団体の被害回復請求

　お試し定期購入契約被害は、特定適格消費者団体の被害回復請求手続の対象ともなりうる。特定適格消費者団体である消費者支援機構関西は、株式会社ファンソルの定期購入契約について、錯誤または不実告知による誤認があ

147

り無効または取消しの対象となるという理由で返金を求める申入れをしている。

(4)　消費者庁「特定商取引法及び預託法の制度の在り方に関する検討委員会報告書」(2020年8月19日)

　お試し定期購入被害については、消費者庁に設置された検討委員会でも規制強化の必要性が認められ、順調に進めば改正法案が通常国会に上程予定である（令和3年2月時点）。

　定期購入被害については、適格消費者団体の差止請求を行っても、同じ系列と思われる事業者が名を変え・品を変え、雨後の竹の子のように新たな被害を起こしている。抜本的な被害予防策が必要であり、今後の法改正等に期待したい。

【追記】

　令和3年3月5日、特定商取引法および預託法の改正法案（消費者被害の防止及びその回復の促進を図るための特定商取引に関する法律等の一部を改正する法律案（第204回国会閣法54号））が国会に上程された。

　定期購入被害に関しては、①通信販売における事業者所定の書面またはインターネット上の申込画面で申込み（特定申込み）を受ける場合において表示すべき事項（表示義務）とこれに反する不実の表示・不表示の直罰化（上記改正後の特商12条の6第1項・70条2号）、②（定期購入ではない等と）人を誤認させる表示の禁止（同法12条の6第2項）、③上記①②に違反する表示によって誤認した場合の取消権の創設（同法15条の4）、④解除の解除を妨げるための不実告知の禁止と罰則（同法13条の2・70条）、⑤適格消費者団体の差止請求の対象に上記の不実の表示・不表示・誤認させる表示・解除妨害の不実告知を加える（同法58条の19）というものである。取消権の創設、差止請求権の大幅拡充など評価できる内容であるが、「解約方法を特定の時間帯の電話に制限する」ような解約妨害事案がカバーできるのかなどは要検討であろう。

　なお、上記改正法案には、消費者団体等の強い反対にもかかわらず、対象類型全般に「交付書面の電子化」が盛り込まれている。この点には強く反対しつつ、改正法の成立を見守りたい。

〔参考資料：全国適格消費者団体一覧〕

（認定順、2021年2月現在　※：特定適格消費者団体）

特定非営利活動法人消費者機構日本（※）
東京都千代田区六番町15番地主婦会館プラザエフ6階
TEL　03(5212)3066　　FAX　03(5216)6077
http://www.coj.gr.jp/

特定非営利活動法人消費者支援機構関西（※）
大阪府大阪市中央区南新町一丁目2番4号椿本ビル5階502号室
TEL　06(6945)0729　　FAX　06(6945)0730
http://www.kc-s.or.jp/

公益社団法人全国消費生活相談員協会
東京都中央区日本橋堀留町二丁目3番5号グランドメゾン日本橋堀留101
TEL　03(5614)0543　　FAX　03(5614)0743
http://www.zenso.or.jp/

特定非営利活動法人京都消費者契約ネットワーク
京都府京都市中京区烏丸通二条下ル秋野々町529番地ヒロセビル4階
TEL　075(211)5920　　FAX　075(746)5207
http://kccn.jp/

特定非営利活動法人消費者ネット広島
広島県広島市中区鉄砲町1番20号第3ウエノヤビル3階
TEL　082(962)6181　　FAX　082(962)6182
http://www.shohinet-h.or.jp/

特定非営利活動法人ひょうご消費者ネット
兵庫県神戸市中央区下山手通五丁目7番11号兵庫県母子会館2階C
TEL　078(361)7201　　FAX　078(361)7205
http://www.hyogo-c-net.com/

特定非営利活動法人埼玉消費者被害をなくす会（※）
埼玉県さいたま市浦和区岸町七丁目11番5号
TEL　048(844)8972　　FAX　048(829)7444
http://saitama-higainakusukai.or.jp/

特定非営利活動法人消費者支援ネット北海道
北海道札幌市中央区北四条西十二丁目ほくろうビル4階
TEL　011(221)5884　　FAX　011(221)5887
http://www.e-hocnet.info/

149

特定非営利活動法人消費者被害防止ネットワーク東海
愛知県名古屋市千種区内山三丁目28番2号 KS千種ビル6階F
TEL　052(734)8107　　FAX　052(734)8108
http://cnt.or.jp/

特定非営利活動法人大分県消費者問題ネットワーク
大分県大分市青崎一丁目10番23号
TEL　097(521)2206　　FAX　097(521)2206
http://oita-shohisyanet.jp/

特定非営利活動法人消費者支援機構福岡
福岡県福岡市博多区博多駅前一丁目18番16号博多駅前1丁目ビル302号
TEL　092(292)9301　　FAX　092(292)9302
http://www.cso-fukuoka.net/

特定非営利活動法人消費者支援ネットくまもと
熊本県熊本市中央区出水二丁目5番8水前寺パークマンションⅡ-205号
TEL　096(356)3110　　FAX　096(356)3119
http://www.net-kuma.com/

特定非営利活動法人消費者ネットおかやま
岡山県岡山市北区奉還町一丁目7番7号オルガ5階
TEL　086(230)1316　　FAX　086(230)6880
http://okayama-con.net/

特定非営利活動法人佐賀消費者フォーラム
佐賀県佐賀市神野東四丁目1-31アパートメント12-103号室
TEL　0952(37)9839　　FAX　0952(37)9859
http://www.saga-consumersforum.or.jp/main/

特定非営利活動法人消費者市民ネットとうほく
宮城県仙台市青葉区柏木一丁目2—40 ブライトシティ柏木702号室
TEL　022(727)9123　　FAX　022(739)7477
http://www.shiminnet-tohoku.com/

特定非営利活動法人消費者支援ネットワークいしかわ
石川県金沢市北寺町へ9番地3
TEL　076(254)6733　　FAX　076(254)6744
http://csnet-ishikawa.com/

特定非営利活動法人消費者支援群馬ひまわりの会
群馬県桐生市相生町三丁目120番地6
TEL　0277(55)1400　　FAX　0277(55)1429
http://npo-himawari.jp/

特定非営利活動法人えひめ消費者ネット
愛媛県松山市朝生田町七丁目 2 番22号大興ビル305号
TEL　089(987)3101　　FAX　089(987)3130
https://ehime-syouhisya-net.org/

特定非営利活動法人消費者支援かながわ
横浜市港南区上大岡西 1-6-1 ゆめおおおかオフィスタワー 5 階
TEL　045(349)9729　　FAX　045(349)9267
http://www.ss-kanagawa.org/

特定非営利活動法人消費者市民サポートちば
千葉市中央区中央四丁目13番10号千葉県教育会館 5 階
TEL　043(239)6037　　FAX　043(239)6038
http://sapochiba.com/

特定非営利活動法人とちぎ消費者リンク
栃木県宇都宮市中今泉二丁目 7 番19号
TEL　028(678)8000　　FAX　028(678)8000
http://tochigilink.org/

〔執筆者一覧〕

（50音順、2021年3月現在）

・**小笠原奈菜**〔おがさわら・なな〕（山形大学人文社会科学部教授）
= ②論

・**男澤 拓**〔おとこざわ・ひらく〕（弁護士） = ①実

・**小野寺友宏**〔おのでら・ともひろ〕（弁護士） = ④実

・**窪 幸治**〔くぼ・こうじ〕（岩手県立大学総合政策学部教授）
= ⑤論

・**栗原由紀子**〔くりはら・ゆきこ〕（尚絅学院大学総合人間科学系社会部門教授）
= ③論

・**後藤 雄大**〔ごとう・ゆうた〕（弁護士） = ②実

・**鈴木 裕美**〔すずき・ひろみ〕（弁護士） = ⑥実

・**髙橋 大輔**〔たかはし・だいすけ〕（弁護士） = ⑤実

・**中里 真**〔なかざと・まこと〕（福島大学行政政策学類准教授）
= ⑥論

・**丸山 愛博**〔まるやま・よしひろ〕（青森中央学院大学経営法学部教授）
= ④論

・**山崎 暁彦**〔やまざき・あきひこ〕（福島大学行政政策学類准教授）
= ①論

・**山田いずみ**〔やまだ・いずみ〕（弁護士） = ③実

※ 論＝「論文」、実＝「実務へのアプローチ」の執筆を表す。

152

〔編集者所在地〕

適格消費者団体 特定非営利活動法人

消費者市民ネットとうほく

〒981-0933　宮城県仙台市青葉区柏木1-2-40

ブライトシティ柏木702号室

TEL　022(727)9123　　FAX　022(739)7477

http://www.shiminnet-tohoku.com/

〔ネットとうほく叢書〕

先端消費者法問題研究 [第2巻]
──研究と実務の交錯──

2021年3月31日　第1刷発行

定価　本体2,400円＋税

編　著　適格消費者団体 特定非営利活動法人
　　　　消費者市民ネットとうほく

発　行　株式会社　民事法研究会
印　刷　株式会社　太平印刷社

発行所　株式会社　民事法研究会
　　　　〒150-0013　東京都渋谷区恵比寿3-7-16
　　　　〔営業〕TEL 03(5798)7257　FAX 03(5798)7258
　　　　〔編集〕TEL 03(5798)7277　FAX 03(5798)7278
　　　　http://www.minjiho.com/　info@minjiho.com

▶寺院法務のすべてを容易に理解できる実践的手引書！

寺院法務の実務と書式
〔第2版〕
―基礎知識から運営・管理・税務まで―

横浜関内法律事務所　編集
庄司道弘・本間久雄・平賀孝治・粟津大慧　著

A 5 判・506 頁・定価 5,280 円（税込）

▶第2版では、宗教法人法、民法等の法改正に対応して大幅改訂をするとともに、「宗教と自治」「墓地関係事業者との間の法律関係」の新たな項目を追加し、さらに宗教判例を補充してますます至便に！

▶寺院を運営していくうえで必要となる知識を、関連書式と一体として懇切丁寧にわかりやすく解説した日常執務で活用できる手引書！

▶檀家・親族・職員・墓地関係事業者などの寺院関係者をはじめ、地域住民等とのトラブルの未然防止策や解決策を具体例を示して実践的に教示！

▶書式には具体的な記載例と作成上の留意点を示しているので極めて至便！

▶弁護士、司法書士、税理士、行政書士をはじめ、寺院と関わりをもつ法律実務家や寺院法務に関心をもつ研究者にとっても必携の書！

本書の主要内容

第1章　序　説

第2章　寺院とガバナンス
Ⅰ　宗教法人とは／Ⅱ　宗教法人の組織／Ⅲ　宗教法人の備付書類／Ⅳ　宗教法人財産の管理処分／Ⅴ　宗教法人の規則変更／Ⅵ　宗教法人と公告／Ⅶ　宗教法人と事業／Ⅷ　寺院と宗派／Ⅸ　宗教法人と合併／Ⅹ　宗教法人と解散／ⅩⅠ　まとめ

第3章　寺院と墓地法
Ⅰ　墓埋法概説／Ⅱ　墓地使用者との間の法律関係／Ⅲ　墓地関係事業者との間の法律関係

第4章　寺院と民事法
Ⅰ　日常業務の法／Ⅱ　寺院のリスクマネジメント／Ⅲ　財産管理と法律

第5章　寺院と情報法
Ⅰ　個人情報保護法／Ⅱ　マイナンバー／Ⅲ　情報公開法／Ⅳ　寺院と守秘義務

第6章　寺院と税法
Ⅰ　はじめに／Ⅱ　寺院と法人税／Ⅲ　寺院と所得税／Ⅳ　寺院と消費税／Ⅴ　寺院と固定資産税・都市計画税／Ⅵ　寺院と登録免許税・不動産取得税・印紙税／Ⅶ　寺院と税務調査

第7章　寺院と労働法
Ⅰ　宗教法人における労務管理の必要性／Ⅱ　労働契約の締結と労働条件の決定／Ⅲ　労働条件の変更／Ⅳ　労働条件に関するルール／Ⅴ　懲戒処分／Ⅵ　労働者の安全衛生・健康管理と労働災害／Ⅶ　ハラスメントの問題と対策／Ⅷ　社会保険／Ⅸ　労働契約の終了／Ⅹ　有期労働契約／ⅩⅠ　労働組合法／ⅩⅡ　労使間紛争の解決手続

第8章　寺院と紛争解決
Ⅰ　はじめに／Ⅱ　法的トラブル解決への判断枠組み／Ⅲ　専門家へのアクセス／Ⅳ　紛争解決の手段

発行　民事法研究会

〒150-0013　東京都渋谷区恵比寿 3-7-16
（営業）TEL. 03-5798-7257　FAX. 03-5798-7258
http://www.minjiho.com/　info@minjiho.com

消費者被害救済の立場から徹底して詳解！

改正民法と
消費者関連法の実務
──消費者に関する民事ルールの到達点と活用方法──

鹿野菜穂子（慶應義塾大学大学院法務研究科教授）監修
日本弁護士連合会消費者問題対策委員会　編

A5判・493頁・定価5,280円（税込）

▶近時大きく法改正された民法、消費者契約法、特定商取引法等について、消費者被害救済の実務に精通する弁護士らが、実務的な観点から、消費者に関する民事ルール（私法実体規定）の到達点を横断的に示すとともに、消費者被害の救済に向けた制度の活用方法をQ＆Aで実践的に解説！

▶民法改正（債権関係、成年年齢引下げ）、消費者契約法2018年改正等を踏まえた最新・最高水準の実務書！

▶被害救済に取り組む弁護士はもちろん、被害相談を受ける司法書士、消費生活相談員等も必読！

本書の主要内容

第1部　消費者契約に関する民事実体法（民法と消費者契約法）の展開と課題

第2部　民　法

　第1章　総　則
　　意思能力／未成年者取消し／公序良俗／詐欺・錯誤その他／無効・取消し／情報提供義務／交渉補助者等が関与した場合／抗弁の対抗／債権の消滅時効

　第2章　債権・契約総論
　　債務不履行責任等／法定利率／保証／債権譲渡／弁済／契約の成立／解除／定型約款

　第3章　契約各論
　　売買／消費貸借／賃貸借／請負／委任・準委任／その他サービス契約、継続的契約等

第3部　消費者契約法

　第1章　総　論

　第2章　不当勧誘行為規制

　第3章　不当条項規制

第4部　その他関連法

発行　民事法研究会

〒150-0013　東京都渋谷区恵比寿3-7-16
（営業）TEL. 03-5798-7257　FAX. 03-5798-7258
http://www.minjiho.com/　info@minjiho.com